AF619655

Prix 4 fr.

ÉTUDES MILITAIRES HISTORIQUES

L'ART DE LA GUERRE
CHEZ LES ANCIENS

PAR

E. HARDY

CAPITAINE ADJUDANT-MAJOR AU 130e RÉGIMENT D'INFANTERIE

« *Dare se militem cui non licet, grave crimen habetur.* »
DIGESTE.

PARIS
LIBRAIRIE MILITAIRE DE J. DUMAINE
LIBRAIRE-ÉDITEUR
30, Rue et Passage Dauphine, 30

1879

L'ART DE LA GUERRE

CHEZ LES ANCIENS

PARIS. — IMPRIMERIE J. DUMAINE, RUE CHRISTINE, 2.

ÉTUDES MILITAIRES HISTORIQUES

L'ART DE LA GUERRE
CHEZ LES ANCIENS

PAR

E. HARDY

CAPITAINE ADJUDANT-MAJOR AU 130e RÉGIMENT D'INFANTERIE

« *Dare se militem cui non licet, grave crimen habetur.* »

DIGESTE.

PARIS
LIBRAIRIE MILITAIRE DE J. DUMAINE
LIBRAIRE-ÉDITEUR
30, Rue et Passage Dauphine, 30

1879

AVERTISSEMENT DE L'ÉDITEUR

Des *Origines de la Tactique française* nous avons extrait ce volume sur l'art de la guerre chez les anciens.

C'est le résumé des travaux les plus importants qui ont mis en lumière l'histoire et l'organisation militaires des Grecs, des Romains et des Franks.

Pour en rendre la lecture attrayante, le capitaine Hardy a emprunté ses vignettes aux monuments antiques et aux pierres gravées. Il a tracé ses croquis de bataille d'après l'étude et la comparaison des textes classiques.

Guidé à travers les merveilles historiques du musée de Saint-Germain par M. Bertrand, le savant membre de l'Institut, qui les a recueillies et classées, l'auteur a pu diriger sûrement ses recherches et retrouver les origines premières de l'art militaire français.

Paris, 15 mai 1879.

LIVRE PREMIER

LES GRECS

L'ART DE LA GUERRE

CHEZ LES ANCIENS

LIVRE PREMIER

LES GRECS

CHAPITRE PREMIER

ORGANISATION MILITAIRE DES GRECS

SOMMAIRE.

Tactique primitive. — Bataille de Marathon. — La phalange macédonienne. — Formations et manœuvres de l'infanterie. — Cavalerie. — Corps d'élite. — Machines de guerre.

TACTIQUE PRIMITIVE.

La phalange idéale des tacticiens grecs était de 37.000 combattants.

C'était une armée bien nombreuse pour un petit pays aussi divisé; Alexandre fut le seul qui put la réunir [1].

[1] « Nos armées ne passent pas, pour l'ordinaire, 20.000 hommes, di-

Dès l'origine, ce nom de phalange se donna à un corps d'infanterie, petit ou gros, formé en ordre profond et à rangs serrés, sous le commandement d'un seul chef ou de plusieurs.

« On voit, dit Homère, s'avancer les phalanges des « Grecs. Elles ont chacune à leur tête un chef, qu'elles « suivent dans un profond silence, afin de mieux en- « tendre ses ordres et de les exécuter plus prompte- « ment [1] ».

Bataille de Marathon (480 avant J.-C.).

A la bataille de Marathon, l'armée grecque se composait de deux phalanges, commandées par dix généraux, qui avaient alternativement, pendant une journée, la direction des opérations.

Heureusement, les Perses débarquèrent le jour où Miltiade commandait.

Les deux phalanges comptaient chacune un millier de files de 8 à 12 hommes. Elles étaient séparées par un étroit intervalle, dans lequel les Perses se ruèrent en désordre.

sait un *Lacédémonien* ; mais à nous voir dans la mêlée, à compter les morts de nos ennemis, on dirait que nous sommes toujours plus de 100.000. » (*Dictionnaire de Trévoux*, édit. de 1771.)

[1] *Bibliothèque historique et militaire*, Liskenne et Sauvan. Paris, 1849. Excellente compilation des auteurs militaires, depuis les origines de la guerre jusqu'aux temps modernes. La traduction des historiens grecs et latins est précédée d'un résumé de l'histoire militaire des anciens, auquel

Pivotant alors sur le centre, les deux parties de l'armée grecque, dont Miltiade avait renforcé les ailes, prirent en flanc la colonne profonde des Asiatiques. Après un grand carnage, elles obligèrent l'ennemi à regagner sa flotte.

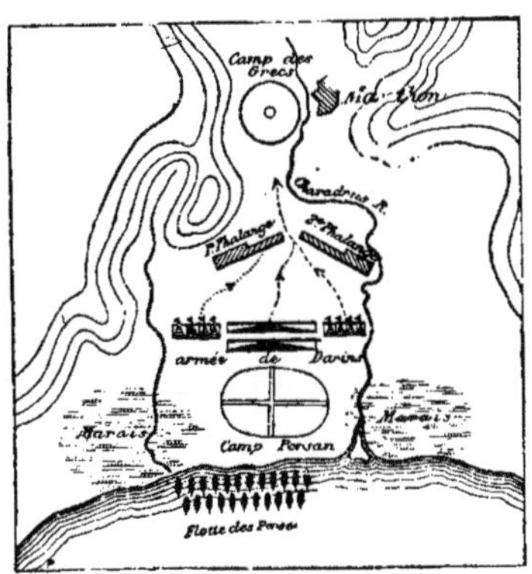

P. Merle, *d'après un croquis de E. Hardy.*

Fig. 1.

C'est ainsi que les Grecs dépossédèrent les Perses de la prépondérance militaire qu'ils avaient acquise dans les guerres du grand Cyrus (558 avant J.-C.).

La phalange lacédémonienne servit de modèle à toutes les armées grecques, jusqu'à ce qu'elle eut été vaincue, par les Thébains, à Leuctres et à Mantinée, « ces deux filles immortelles d'Épaminondas » (363 avant J.-C.).

nous avons fait quelques emprunts. Un volume de planches contient de jolis dessins d'Ambroise Tardieu ; nous en reproduisons plusieurs.

Philippe de Macédoine, élève d'Épaminondas, régla d'une manière définitive l'ordonnance de la fameuse phalange, avec laquelle il asservit les Grecs, et qu'il légua à Alexandre, pour faire la conquête de l'Asie.

LA PHALANGE MACÉDONIENNE.

La première subdivision de la phalange est le *lochos*, file de 16 oplites, dont le lochague est le chef.

Les oplites sont des fantassins d'élite; ils ont un casque, une cuirasse, des cnémides ou jambières, et un grand bouclier, qui couvre le corps depuis le cou jusqu'aux pieds; ils sont armés d'une épée et d'une longue pique, la *sarisse.*

PELISSE, *d'après Ambroise Tardieu.*

Fig. 2.

Quatre lochos forment la *tétrarchie* de 64 hommes (peloton), et quatre tétrarchies, le *syntagme* de 256 hommes (bataillon).

Le chef du syntagme, le *xénage*, est assisté d'un adjudant, qui transmet ses ordres, d'un porte-enseigne, qui les indique en élevant ou en abaissant son enseigne, d'un héraut, qui répète ses commandements et d'un trompette, qui donne les signaux.

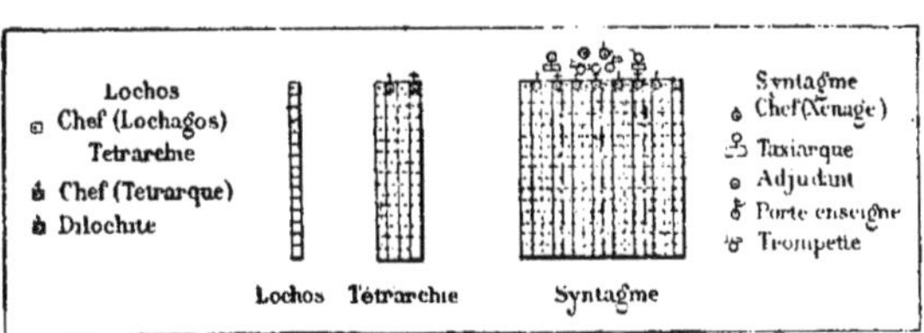

RAULINE, *d'après un croquis de E. Hardy.*

Fig. 3.

Le *stratége* (colonel) est le chef de 4 ou 5 syntagmes.

La phalange simple contient 16 syntagmes d'*oplites*. Ce sont ces 4.096 fantassins, pesamment armés, qui forment la première ligne.

En arrière des oplites, sur une ligne parallèle et d'égale longueur, sont rangés 2.048 *peltastes*, par files de 8 hommes.

Le peltaste est un fantassin léger. Son bouclier est plus petit ; au lieu de cuirasse, il porte une large ceinture de fer ou de cuivre ; il n'a pas de cnémides. Il est armé de l'épée et de la pique.

PELISSE, *d'après Ambroise Tardieu.*

Fig. 4.

Aux ailes de la phalange sont deux groupes de 40 cavaliers d'élite, les *cataphractes*. Ils ont pour armes offensives l'épée et la lance, quelquefois le javelot et la hache d'arme; ils portent au bras gauche un petit bouclier rond, au bras droit et sur les cuisses des bandes de cuir recouvertes de plaques d'étain; ils ont aux pieds des bottes éperonnées.

PELISSE, *d'après la frise du Parthénon.*

Fig. 5.

Devant le front des oplites, sont répartis en tirailleurs 1.024 *psylites*, frondeurs ou archers.

La phalange simple est, en somme, une division de 9.248 hommes. C'est l'*unité stratégique* des Grecs.

La *grande phalange* est la réunion de 4 phalanges

simples (sans cavalerie). Placées deux par deux, sur la même ligne, elles forment deux *Diphalangarchies*, séparées par un intervalle de 96 pieds [1].

Les phalanges simples sont à 48 pieds l'une de l'autre, de sorte que l'infanterie d'une armée grecque, quand elle est au complet, occupe un front de 3.264 pieds (1.009 mètres) et une profondeur de 48 pieds (15 mètres).

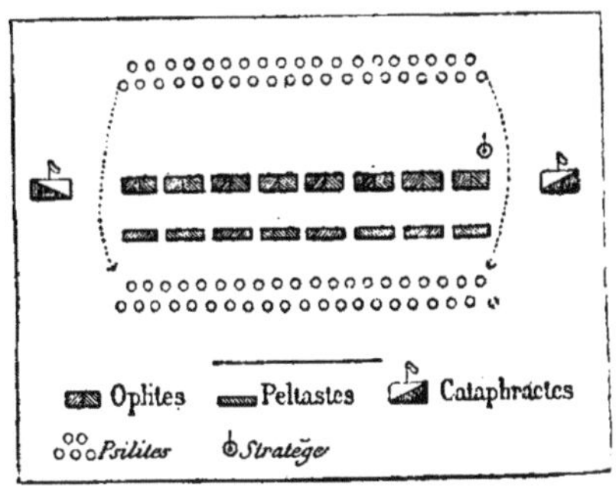

RAULINE, *d'après un croquis de E. Hardy.*

Fig. 6.

FORMATIONS ET MANOEUVRES DE L'INFANTERIE.

Les formations habituelles de la phalange sont :

1° La *parade :* Les hommes sont placés à trois pieds d'intervalle, dans tous les sens, la pique haute ;

2° La *charge :* Chaque combattant dispose d'un espace de trois pieds carrés, il porte la jambe gauche en avant et couvre, avec son bouclier, l'intervalle qui le sépare

[1] Le pied (olympique) équivaut à $0^m,309$.

de son voisin de gauche. Les six premiers rangs abaissent leurs sarisses ; les dix autres la tiennent droite pour arrêter les traits et les pierres ;

3° La *tortue* (ou *synaspisme*) : Les hommes sont serrés étroitement; le premier rang entre-croise ses boucliers, pour former un mur d'airain devant le front de la phalange ; les seize autres rangs les tiennent au-dessus de leur tête. C'est la formation adoptée pour l'attaque des retranchements [1].

Pour résister à une attaque, les oplites mettent le genou droit à terre, la lance abaissée, et ils appuient leur bouclier contre le genou gauche (Fig. 2).

Par exception, les oplites forment quelquefois :

Le *rond*, les peltastes au milieu ;

Le *croissant;*

Le *coin* ou *tête de porc*, triangle de trois hommes au sommet et de trente-cinq à la base, s'appuyant sur un rectangle de huit hommes de hauteur ;

Le *celembolon* ou *tenaille*, pour résister au coin.

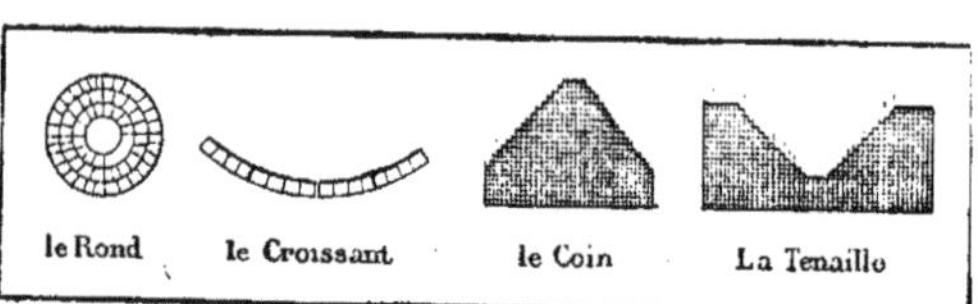

RAULINE, *d'après un croquis de E. Hardy.*

Fig. 7.

Dans une revue passée par Cyrus le Jeune, l'an 401

[1] Un grand nombre de documents très-précieux ont été empruntés

avant J.-C., « les auxiliaires grecs sont rangés sur quatre rangs. Ils ont des casques d'airain, des tuniques de pourpre, des cnémides et des boucliers bien luisants.

« Cyrus fait défiler les barbares, par escadrons et par bataillons ; puis, il passe devant le front des Grecs. La reine de Cilicie le suit en litière.

« Quand Cyrus a passé devant toute la ligne, l'idée lui vient de donner à la reine une bonne opinion de son armée. Il arrête son char devant le centre de la phalange et il ordonne aux stratéges de faire charger, piques basses. Au signal de la trompette, le pas s'accélère et les oplites courent vers leurs tentes en poussant de grands cris.

« Les barbares effrayés s'enfuient ; la reine saute à bas de sa litière, et les vivandières prennent la fuite en abandonnant leurs chariots [1]. »

CAVALERIE.

La cavalerie se compose d'un *Épitagme* (unité stratégique) de 4.096 hommes, subdivisé en 64 îles (ou escadrons) de 64 combattants.

L'île est *l'unité tactique de la cavalerie*. Elle charge en ordre serré.

Cette cavalerie se compose surtout de Thessaliens,

à un ouvrage inédit de M. le commandant Berge, du 130e de ligne, sur l'art militaire des anciens.

[1] Xénophon, *Retraite des dix mille.*

d'Étoliens et de Thraces ; il y entre fort peu de Grecs.

Ses formations habituelles sont :

Le *carré* (8 cavaliers de front);

La *colonne* par quatre;

Le *coin* des Thraces;

Le *coin renversé*;

Le *rhombe* thessalien ;

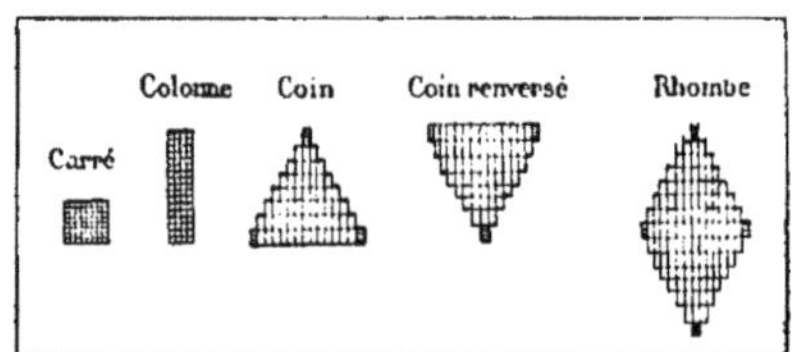

RAULINE, *d'après un croquis de E. Hardy.*

Fig. 8.

La cavalerie est répartie sur les flancs de la phalange et il y a souvent des psylites dans les intervalles des îles.

Elle comprend, comme l'infanterie, trois classes de soldats :

1° Le cataphracte, bardé de fer, qui combat escorté d'un écuyer et de deux ou trois esclaves. Ce sera la *lance fournie* du moyen âge;

2° Le cavalier léger, Tarentin, qui lance le javelot, tire l'épée ou manie la masse d'arme ;

3° L'archer à cheval, Thessalien, qui au besoin met pied à terre ; il engage le combat et poursuit les fuyards.

C'est l'ancêtre de l'estradiot, du carabin et du dragon.

CORPS D'ÉLITE.

Les Grecs ont des troupes d'élite. Chez les Thébains, c'est le *bataillon sacré* des 300 jeunes gens, les plus agiles et les plus braves de la cité, qui doivent combattre au premier rang de la phalange. Placés à l'aile droite de l'armée grecque confédérée, ils périssent tous à Chéronée, sous les coups des Macédoniens (338 avant J.-C.).

Les *vétérans* de Philippe sont la réserve de son armée. Au moment décisif, ils se forment en colonne serrée, en joignant les boucliers. Plus d'une fois, ils ont ressaisi la victoire compromise.

Alexandre est gardé par 8 escadrons d'*hétères* richement armés ; ce sont les fils des plus grandes familles de la Grèce, dressés, dès leur enfance, aux exercices du corps et au maniement des armes (*maison du Roi; chevaliers-gardes*).

Vingt-cinq hétères sont tués au passage du Granique ; Alexandre fait élever à chacun d'eux une colonne de bronze.

MACHINES DE GUERRE.

L'armée d'Agathocle, celle qui brûla ses vaisseaux en abordant en Afrique, a, sous les murs de Carthage

(311 avant J.-C.), des *balistes*, dont elle dirige les traits contre les chars ennemis.

La baliste est un *grand arc*, monté sur un pivot. Une ouverture pour le passage du trait est pratiquée entre deux montants verticaux, assemblés par une double traverse horizontale. Deux écheveaux de nerfs tordus, fixés verticalement aux traverses, donnent la force d'impulsion. Dans chaque écheveau, s'engage le bout d'un levier, que la torsion des nerfs maintient écarté de l'axe. Les deux leviers sont réunis, à leur extrémité extérieure, par une corde résistante.

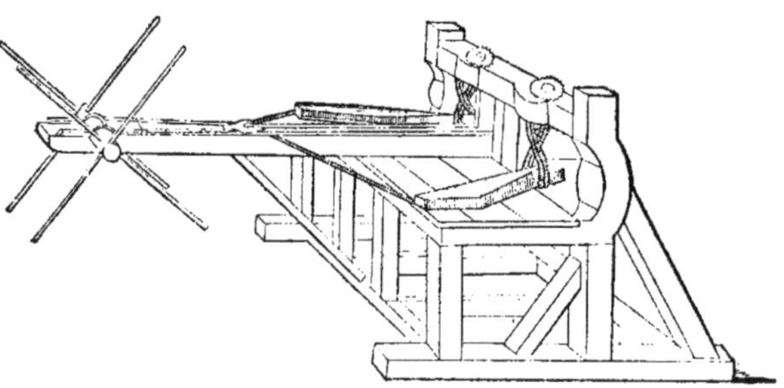

KAULINE, *d'après Ambroise Tardieu.*

Fig. 9.

Cette corde est bandée au moyen d'un moulinet, le long de la rigole, en bois ou en fer, qui contient le trait.

Elle est pincée, au maximum de sa tension, par un crochet de fer. En relevant le crochet, la corde se détend, et le trait part avec une force irrésistible.

C'est le canon des anciens.

A Mantinée, des *catapultes* sont disposées dans les intervalles de la phalange.

Cette machine, employée pour la première fois par Denys de Syracuse (405 avant J.-C.), lance des boules de pierre ou de métal.

Sur un large plateau quadrangulaire, supportant un sommier oblique, est disposé un gros écheveau de nerfs tordus. Un fort levier (*style*), engagé horizontalement dans l'écheveau, est terminé par un récipient qui reçoit le projectile; ou bien il supporte, à son extrémité, une longue fronde en corde qui, au repos, tombe verticalement.

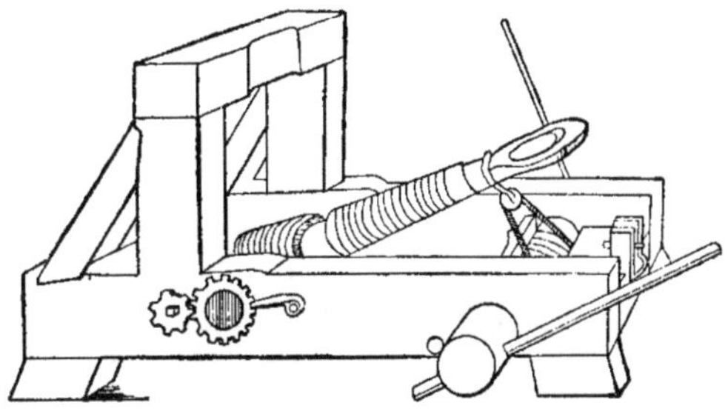

RACLINE, *d'après Ambroise Tardieu.*

Fig 10.

On bande le style, on lui fait prendre une position horizontale, puis on l'arrête au moyen d'un encliquetage.

Si l'on fait jouer le ressort, le style reprend violemment la verticale et lance, en bombe, jusqu'à 550 mètres, des boulets de 80 kilogrammes.

C'est le mortier.

On avait soin de matelasser le sommier oblique, pour qu'à chaque coup le style ne fût pas rompu par le choc (Fig. 57).

Balistes et catapultes étaient portées sur des chariots attelés et pouvaient facilement être conduites d'un point à un autre de la ligne de bataille [1].

L'attaque et la défense des places n'entrant pas dans notre progamme, nous donnerons seulement la nomenclature des machines de guerre, inventées par les Grecs et conservées par les Romains.

C'étaient : les *mantelets* portatifs ou roulants, qui permettaient aux assiégeants de s'approcher du rempart à portée de trait;

PELISSE, *d'après Ambroise Tardieu.*

Fig. 11.

La *cheloné*, galerie roulante, qui abritait les mineurs,

[1] Le savant directeur du musée de Saint-Germain, M. Alexandre Bertrand, a reconstruit, d'après les textes anciens, ces curieuses machines Il le a essayées et elles lui ont donné des résultats extraordi-

et qui contenait les matières incendiaires, destinées à ouvrir la brèche;

Le *bélier* roulant ou tarière;

Les *hélépoles*, tours en charpente à plusieurs étages, avec meurtrières, pont-levis au sommet, bélier à la base;

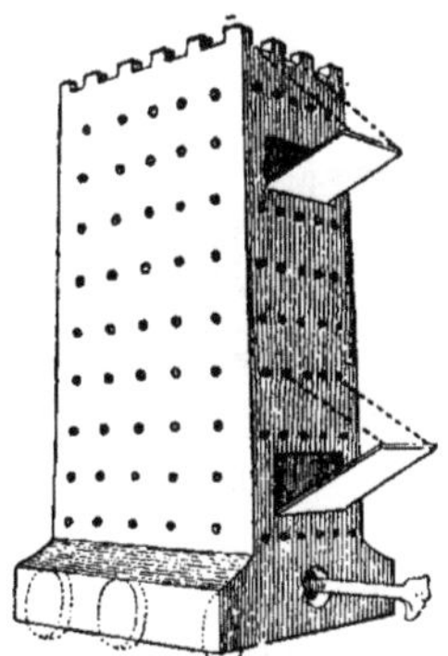

PELISSE, *d'après Ambroise Tardieu.*

Fig. 12.

Le *corbeau démolisseur* et le *tollénon*, inventés par Diades, mécanicien d'Alexandre le Grand (Fig. 13).

La prise d'une ville était le plus beau fait d'armes

naires. Les servants arrivent très-vite à la justesse. La portée et la pénétration des projectiles sont considérables.

C'est une des nombreuses attractions de ces précieuses archives de l'histoire ancienne, où les armes offensives et défensives, trouvées dans les sépultures, dans les tumuli de la France, de l'Italie et de l'Autriche, nous révèlent, mieux que les historiens, la tactique des Romains et celle des Gaulois.

d'un général grec, et le siége de Tyr, attaquée à la fois

PELISSE, d'après Ambroise Tardieu.

Fig. 13.

par terre et par mer, mit le comble à la gloire de l'armée macédonienne (333 avant J.-C.).

CHAPITRE II

TACTIQUE DES GRECS

SOMMAIRE.

Camper. — Marcher en avant. — Marcher en retraite. — Combattre.

CAMPER.

Le camp grec est une enceinte ronde ou elliptique. Toutes les rues aboutissent au centre, où l'on dresse la tente du général. Les esclaves entourent le camp d'un fossé et d'un retranchement à hauteur d'homme.

Aux abords, ils creusent des *trous de loup* et sèment des *chausse-trapes*.

Le camp est gardé par des *postes* de 50 oplites, placés en dehors de l'enceinte, le long du fossé.

De grands feux sont allumés pendant la nuit en arrière des fossés, afin de tromper l'ennemi, de le voir venir ou de l'attirer dans une embuscade.

Des *postes avancés* détachent des sentinelles, qui se passent, de main en main, un grelot, pour prouver qu'elles veillent.

Des *officiers de ronde*, accompagnés de porteurs de torches, parcourent la ligne des sentinelles, en agitant une sonnette. Les sentinelles doivent héler la ronde, quand elles entendent la sonnette.

Le *mot d'ordre* (Jupiter, Pallas, Hercule) est échangé entre les sentinelles, et entre les rondes ou les patrouilles de quatre hommes, qui relient les postes.

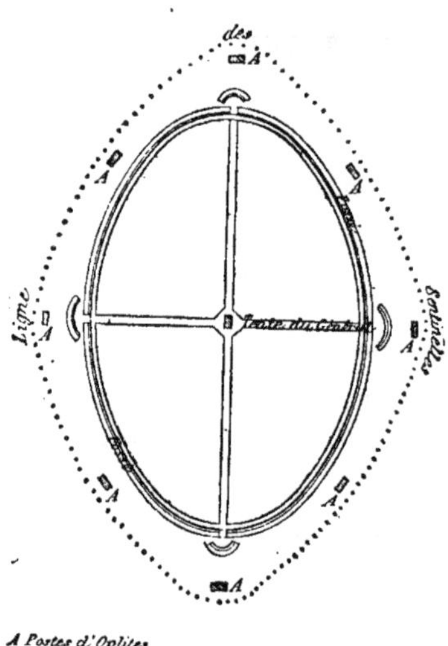

P. Merle, *d'après un croquis de E. Hardy.*

Fig. 14.

MARCHER EN AVANT.

Quand la phalange se met en marche, l'aile droite qui, sur la ligne de bataille, est le poste d'honneur du général en chef, forme la *tête de la colonne;* l'aile gauche forme la queue.

Les Grecs marchent au son de la musique. Des joueurs de flûte accompagnent les syntagmes, pour marquer la cadence du pas et pour empêcher les rangs de se rompre. Un esclave porte les armes et les vivres de chaque oplite (60 livres environ).

Devant l'ennemi, les soldats, avant de charger, entonnent le *Péan*, hymne de guerre et de victoire.

L'*avant-garde* et l'*arrière-garde* sont formées de troupes légères, psylites et archers à cheval thessaliens, soutenues quelquefois par des peltastes.

Le *corps de bataille* se compose de la phalange, derrière laquelle marchent les éléphants (quand il y en a), les machines et les bagages.

Les vivres de réserve sont portés par des bêtes de somme ou par des esclaves : c'est le convoi.

La marche la plus rapide que cite Xénophon est celle d'Agésilas : 160 stades (29 kilomètres), du lever au coucher du soleil [1].

Alexandre, poursuivant Darius avec sa cavalerie, a fait 3,300 stades en 11 jours (15 lieues par jour).

La *marche en avant en ligne de colonnes de compagnies* est, pour ainsi dire, décrite par Xénophon.

Il s'agit de gravir une montagne, en présence de l'ennemi :

Xénophon propose aux stratéges de quitter l'ordre

[1] Le stade olympique est de 600 au degré et vaut 185 mètres ; mais il y a des stades de 100 mètres.

en phalange, pour marcher en ligne de colonnes séparées :

« Si, leur dit-il, nous formons de petites colonnes, en « laissant entre elles assez d'intervalle pour que les « *lochos* des ailes débordent le front de l'ennemi, nous « pourrons mettre, en tête de chaque colonne, les meil« leurs de nos soldats, et chacune passera là, où le « chemin lui paraîtra le plus praticable.

« Si l'ennemi veut pénétrer dans nos intervalles, il « se mettra entre deux rangs de nos piques.

« Si un lochos fléchit, le plus voisin lui portera se« cours, et, dès que l'un d'eux aura pu gagner le som« met, pas un Perse ne résistera. »

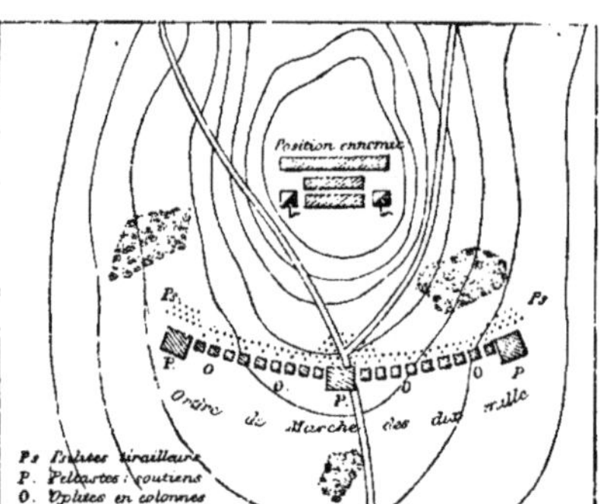

P. MERLE, *d'après un croquis de E. Hardy.*

Fig. 15.

Les stratéges adoptèrent l'avis de Xénophon.

Ils partagèrent les oplites en quatre-vingts colonnes de cent hommes.

Les peltastes, formés en trois corps de six cents

hommes, furent répartis aux ailes et au centre. Les psylites éclairaient la marche.

Remarquons que le lochos de Xénophon n'est pas l'escouade de seize hommes sur une file, de la phalange macédonienne : c'est une *compagnie* de cent combattants, sur quatre rangs et vingt-cinq files.

La moitié (le peloton) s'appelle *pentecostie;*

Le quart (la section), *énomotie.*

MARCHER EN RETRAITE.

Pour marcher en retraite, les oplites forment d'ordinaire un carré, au milieu duquel on met les esclaves, les valets, les femmes et le butin.

La *troupe de sûreté* se compose d'une avant-garde, de deux corps de flanqueurs et d'une arrière-garde.

Les Dix mille n'ayant pas de cavalerie pour éclairer leur marche, Xénophon fit monter, par des peltastes, 40 de ses chevaux de bât.

Il reconnut bientôt « que le carré est un mauvais ordre de marche quand on a l'ennemi sur les talons.

« En effet, quand le chemin se resserre, les oplites s'écrasent, se mêlent, et il est difficile de tirer bon parti d'hommes mal ordonnés. Quand les ailes reprennent leurs intervalles, des vides se font. »

C'est la description exacte du flottement de la marche de front.

Les stratéges, pour empêcher ce flottement, divisent leurs *petites phalanges* de 600 hommes [1], en six lochos, ayant chacun leurs officiers particuliers. Ils continuent la retraite, en ployant et en déployant successivement les lochos.

« On réduisait le front de la colonne jusqu'à passer par file, si le défilé l'exigeait; puis, peu à peu, on se reformait par énomotie, par pentecostie, par lochos et enfin par phalange de 600 hommes déployés, sur quatre rangs. »

Ne croirait-on pas lire l'article «colonne de route» du règlement de 1875?

Des environs de Babylone, où s'était livrée la bataille de Cunaxa, jusqu'à Trébizonde, les Dix mille ont marché pendant huit mois, sans défaillance, en bravant le climat, les privations, les difficultés du chemin et en luttant sans relâche contre l'ennemi.

Aussi, à la vue de la mer, quelques-uns demandent-ils à s'embarquer.

Un oplite se lève et résume en ces termes les travaux de cette mémorable campagne :

« Je suis las, dit-il, de plier bagage, d'aller, de cou-
« rir, de porter les armes, de marcher en rang, de
« monter la garde, de me battre. Je veux une trêve
« à tous ces travaux; je veux, comme Ulysse, m'en

[1] C'est le *syntagme* macédonien : un bataillon à 6 compagnies.

« aller mollement bercé par les vagues et ne me ré-
« veiller que dans un port de la Grèce. »

COMBATTRE

Les Grecs, au combat, comptent sur la force d'impulsion de la masse compacte et profonde.

Le choc de leur infanterie, pesamment armée et hérissée de piques, est irrésistible sur un terrain uni. Nous le verrons à Arbelles. Quand la phalange est de pied ferme, tous les efforts viennent se briser contre elle.

Le combat des troupes légères n'est qu'un prélude ; il favorise la formation oblique de l'ordre de bataille.

« C'est la coutume, écrit Thucydide, que l'aile droite s'étende plus que l'aile gauche. Cela vient de ce que chaque soldat se porte à droite, pour s'abriter derrière le bouclier de son voisin, et que les hommes du premier rang prennent du large vers la droite, pour ne pas présenter à l'ennemi leur flanc découvert. »

Cette habitude a transformé l'ordre parallèle primitif. Ce qui était un hasard est devenu une combinaison pour les tacticiens, et l'ordre oblique, adopté également pour le centre et pour l'aile gauche, a valu aux généraux grecs la plupart de leurs succès.

L'épaisseur de la phalange n'empêcha pas de former quelquefois une réserve.

Épaminondas, à Mantinée, la mit derrière le centre ; Alexandre, à Arbelles, derrière l'aile gauche.

« Stratéges, dit Xénophon, je suis d'avis de pla-
« cer quelques lochos en réserve derrière la pha-
« lange, afin qu'ils puissent la soutenir au besoin et
« que l'ennemi, arrivant en désordre, trouve des trou-
« pes fraîches et formées. »

Il réunit, à cet effet, les trois derniers rangs, qui comptent chacun 200 hommes environ, et il les place derrière les ailes et le centre, avec ordre de suivre la première ligne, à la distance d'un pléthre (30^{m},864).

Au moment du combat, Xénophon passe au galop sur le front de la phalange des oplites, et devant les peltastes, placés aux ailes. Il leur dit :

« Vous marcherez à l'ennemi, la pique sur l'épaule
« droite, jusqu'à ce que la trompette sonne ; alors,
« vous abaisserez les piques, et vous vous avancerez
« lentement. Je défends qu'on s'élance au pas de
« course.

« Le mot d'ordre est : Jupiter sauveur et Hercule
« conducteur ! »

Les Perses attendent les Grecs de pied ferme.

Les peltastes jettent leur cri de guerre et, avant le signal, courent à l'ennemi.

Aussitôt, fantassins et cavaliers persans marchent à leur rencontre.

Les peltastes s'enfuient ; mais bientôt la phalange des oplites s'avance au pas redoublé, la trompette sonne, le péan retentit, les piques s'abaissent, l'ennemi fuit à son tour et Timasion le poursuit avec ses quarante cavaliers improvisés.

Les Grecs construisirent à la hâte sur le champ de bataille, avec les dépouilles de l'ennemi, un monument qui consacra leur victoire.

CHAPITRE III

FASTES DE LA PHALANGE GRECQUE

SOMMAIRE.

Phalange lacédémonienne. Bataille de Cunaxa. — Phalange thébaine. Bataille de Leuctres. — Phalange macédonienne. Passage du Granique, Issus, Arbelles. — Conclusions.

PHALANGE LACÉDÉMONIENNE.

Il n'y a peut-être qu'une seule bataille livrée par les Grecs, qui nous ait été rapportée par un des combattants.

A ce titre, le récit de la journée de Cunaxa par Xénophon est à retenir tout entier.

Cyrus [1], deuxième fils de Darius II, roi des Perses, veut, à la mort de son père, disputer la couronne à son frère aîné, Artaxercès Mnémon.

Il envahit la Perse (401 avant J.-C.) avec une armée composée d'Asiatiques et de 13.000 auxiliaires grecs.

« La plupart des soldats grecs n'avaient pas été conduits par la misère, ou par l'attrait de la solde, à s'embarquer avec Cyrus. C'était le bruit de sa générosité qui les avait attirés. Les uns entraînaient à leur suite

[1] Qu'il ne faut pas confondre avec le grand Cyrus, fils de Cambyse et vainqueur de Crésus.

des dissipateurs ruinés, d'autres se dérobaient à la sévérité paternelle, quelques-uns abandonnaient leurs femmes et leurs enfants, avec la pensée de leur revenir avec une fortune » [1].

Après quelques jours de marche, l'armée des Grecs rencontra l'ennemi.

Bataille de Cunaxa (401 avant J.-C.).

« C'était environ l'heure où l'*agora* (le marché du camp) est remplie. On approchait du lieu où l'on voulait asseoir le camp, lorsqu'un des écuyers de Cyrus arriva à bride abattue, criant, en langue barbare ou en grec, qu'Artaxercès s'avançait avec une nombreuse armée, pour engager le combat. »

De là, grand tumulte. Les Grecs et tous les autres craignent d'être chargés, avant de s'être formés.

« Cyrus descend de son char, endosse sa cuirasse, monte à cheval, saisit des javelots et ordonne à chacun de s'armer et de prendre son rang.

« On se forme à la hâte. Cléarque commande l'aile droite, qui est appuyée à l'Euphrate; Proxène le rejoint, suivi des autres stratèges. Ménon est à l'aile gauche.

« Les cavaliers paphlagoniens, au nombre de mille environ, couvrent la droite de Cléarque.

[1] Xénophon, *idem*.

« Ariée, lieutenant de Cyrus, est à l'extrême gauche avec le reste des barbares.

« Cyrus se place au centre (*C*), avec six cents cavaliers d'élite, couverts de grandes cuirasses (*H*); tous ont le casque en tête, à l'exception de Cyrus. C'est l'usage des princes persans d'affronter, tête nue, les dangers de la guerre.

« Tous les chevaux de la troupe de Cyrus ont la tête et le poitrail bardés de fer. Les cavaliers sont armés d'épées grecques. »

Cependant on est déjà au milieu du jour, et l'ennemi ne s'est pas montré.

« Tout à coup, dans l'après-midi, un nuage de poussière s'élève au-dessus de la plaine. L'airain brille, les piques se dressent, les rangs se dessinent ; c'est Artaxercès, c'est la cavalerie, à cuirasses de fer poli, de son aile gauche.

« Derrière cette cavalerie marchent les troupes légères, puis les oplites égyptiens, avec leurs grands boucliers de bois, qui tombent jusqu'aux pieds.

« Après l'avant-garde, de nombreux cavaliers et des bandes d'archers, rangés par nations, en colonnes pleines.

« Bien loin, en avant, courent des chars, dont les essieux sont armés de faux, dirigées obliquement à droite et à gauche.

« Quelques-unes de ces faux sont placées sous le siége du char et sont inclinées vers la terre, pour tout raser sur leur passage. »

CAR. HIRAUX, *d'après Jules Devaux* [1].

Fig. 16.

Artaxercès dirige le gros de ses forces contre les bataillons grecs.

« Cyrus, qui a harangué les Grecs, pour les prévenir de ne pas s'effrayer des cris des barbares, est trompé dans son attente. Les Perses s'avancent dans le plus profond silence, lentement, tranquillement, d'un pas égal.

« Alors Cyrus passe sur le front de la ligne, avec son interprète et trois ou quatre officiers. Il crie à Cléarque de conduire l'aile droite contre le centre des ennemis, où doit se trouver Artaxercès.

« C'est là qu'est la victoire, lui dit-il; le centre forcé, tout est à nous. »

[1] Figure empruntée au *Dictionnaire des armées de terre et de mer*, du comte de Chesnel. Paris. Armand Le Chevalier et Roussel jeune, 1865.

Cette encyclopédie militaire et maritime est un précieux aide-mémoire pour les études militaires historiques. Les 1700 eaux-fortes qu'elle contient complètent le texte, en *égayant la science*.

Mais l'armée des Perses est si nombreuse que son centre dépasse l'aile gauche de Cyrus, et c'est à l'aile droite que se tient le roi (*A*).

Cléarque ne veut pas abandonner le point d'appui que lui donne l'Euphrate. Il n'ose pas s'aventurer si loin dans la plaine ; il a peur d'y être enveloppé. Il reste immobile, mais il promet à Cyrus de tenir ferme, jusqu'à la fin.

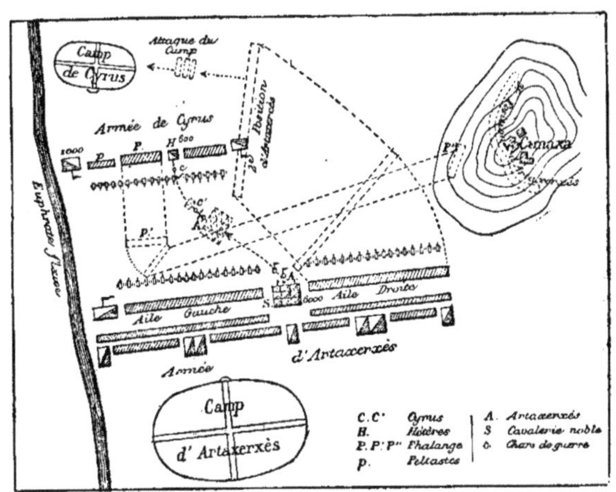

P. Merle, *d'après un croquis de E. Hardy.*

Fig. 17.

Cependant l'armée des Perses s'approche en bon ordre. La phalange grecque n'a pas bougé ; les soldats accourent, les rangs se complètent (*P*).

Cyrus passe à cheval, examinant les deux armées, tantôt la sienne, tantôt celle de son frère.

« Un cavalier volontaire, Xénophon d'Athènes, lui

demande alors s'il a des ordres à porter. Cyrus s'arrête, et dit à Xénophon de publier que les entrailles des victimes présagent un heureux succès. Au moment même, une rumeur parcourt les rangs et vient jusqu'à lui.

« Qu'est-ce ? dit-il.

— « C'est le mot d'ordre, répond Xénophon, il passe pour la seconde fois.

— « Le mot d'ordre ! Qui donc l'a donné ? Quel est-il ?

— « Jupiter sauveur et Victoire !

— « Eh bien ! soit, je l'accepte ; puisse-t-il être d'un bon présage ! »

Cyrus se porte alors au poste qu'il a choisi.

Il ne reste que trois ou quatre stades (de 550 à 740 mètres) entre les deux armées, lorsque les Grecs entonnent le *péan* et s'ébranlent, pour marcher à l'ennemi.

« Une partie de la phalange s'avance comme une mer houleuse ; le reste prend le pas de course pour conserver l'alignement, et bientôt tous les Grecs courent en avant, en criant : « Héleleu ! » et en frappant leurs boucliers de leurs piques, afin d'effrayer les chevaux persans.

« Ils ne sont pas *à portée de trait que la cavalerie barbare tourne bride et s'enfuit.* Les Grecs la poursuivent à toutes jambes. On les entend crier entre eux :

« Pas de désordre, gardons nos rangs ! »

Les chars persans, abandonnés par leurs conducteurs, passent au galop, les uns à travers l'ennemi, les autres à travers la ligne des Grecs. Mais les oplites, en les voyant venir, ouvrent leurs rangs.

« Un seul, un étourdi, qui se croit sans doute à l'hippodrome, se laisse heurter par un char; il en est quitte pour la peur.

« Déjà Cyrus se réjouit en voyant les Grecs poursuivre la cavalerie, qui fuit devant eux. Déjà ses *commensaux* le saluent du titre de roi.

« Cependant il ne se laisse pas entraîner à la poursuite, et, gardant compactes ses six cents cavaliers, il parcourt des yeux les rangs ennemis, pour découvrir son frère.

« Tous les chefs de ses auxiliaires barbares se tiennent, comme lui, au centre de leurs troupes, parce que c'est la place la plus sûre, celle qui est couverte des deux côtés, et que, s'il y a un ordre à donner, il faut moins de temps pour qu'il parvienne.

« Artaxercès était resté au centre de son armée, avec six mille cavaliers (*S*). Il se trouvait encore bien au delà de la gauche de Cyrus.

« Ne voyant pas d'ennemis devant lui, il avait ordonné à son centre et à son aile droite une grande conversion, pour envelopper l'armée de son frère.

« Dès que Cyrus voit ce mouvement commencer, il craint que ses Grecs soient pris à dos et taillés en pièces, et il se hâte de donner à ses six cents cavaliers l'ordre de charger et de piquer droit sur le roi. »

Tout cède devant cette charge; les six mille hommes

de la garde d'Artaxercès s'enfuient en désordre ; Cyrus tue leur chef de sa propre main. Malheureusement, ses six cents cavaliers se dispersent pour la poursuite.

« Cyrus, resté seul avec ses commensaux [1], aperçoit à quelque distance le roi et ses gardes.

— « Enfin, voilà cet homme ! » s'écrie-t-il.

« Il fond sur lui, le frappe à la poitrine et le blesse à travers sa cuirasse ; mais au même moment il reçoit au-dessus de l'œil un javelot, qui le blesse mortellement. Il tombe, et avec lui, huit de ses principaux officiers. Artapatès, le plus dévoué de ses porte-sceptre, saute à bas de son cheval et couvre Cyrus de son corps. Il est égorgé ; ou bien, comme on l'a dit, il se donne la mort avec son cimeterre à poignée d'or.

« Artapatès portait un collier, des bracelets et d'autres ornements ; chez les Perses, c'est la coutume des grands.

« Des commensaux de Cyrus il ne survécut qu'Ariée, commandant la cavalerie de l'aile gauche. A la nouvelle de la mort de son maître, il quitta le champ de bataille avec ses barbares et se réfugia dans le camp.

« Cette aile gauche poursuivie ne tenta même pas de résister ; elle s'enfuit honteusement jusqu'à la précédente étape, à 4 parasanges du camp (28 kilomètres environ). »

[1] Nous retrouverons chez les Gaulois, chez les Germains et chez les Franks, ces *fidèles* du chef ou du roi, qui mangent à sa table, combattent à ses côtés et se font tuer sur son corps. Ils s'appelleront *Antrustions*, *Convives du roi*, *Leudes*.

Les Perses pillent le camp des barbares, mal défendu par les troupes légères; mais le détachement grec, laissé à la garde des armes, fait une résistance sérieuse.

« Entre le roi et la phalange il n'y avait pas plus de 3 stades (555 mètres). Lui, laissait piller ses gens comme s'ils n'avaient plus personne à vaincre ; elle, poursuivait l'ennemi comme si elle était complétement victorieuse. »

Pourtant, quand le roi apprend que les Grecs ont mis en déroute l'aile gauche de son armée, il rallie ses troupes, pour prendre la phalange à revers. Celle-ci fait volte-face (*P'*).

« Le roi hésite, il essaye de tourner la phalange en se prolongeant sur sa gauche ; mais il lui laisse ainsi le temps de se reconnaître, et quand il veut la faire attaquer de front par sa cavalerie, comme au début de la bataille, les Grecs entonnent le péan et chargent avec une nouvelle ardeur. »

Les barbares s'enfuient, plus vite encore que la première fois, jusqu'à Cunaxa, village dominé par une colline, au pied de laquelle le roi s'est arrêté avec le reste de sa cavalerie.

« A l'approche de la phalange, tout se disperse. Cléarque prend poste au pied de la colline, la fait reconnaître, et quand les éclaireurs lui ont rendu compte que les Perses fuient de toutes parts, il fait poser les armes à terre pour prendre quelque repos, en attendant les ordres de Cyrus, qu'il croit engagé à la poursuite de l'ennemi.

« *Un seul soldat grec a été blessé dans la bataille* ».

A l'heure du souper, la phalange retourne à son camp, qu'elle trouve pillé, et elle apprend la mort de Cyrus.

La retraite des Dix mille va commencer.

La lecture de ce rapport, si net, si précis, nous apprend la tactique de combat de la phalange lacédémonienne, tout en résumant l'art de la guerre, au IVe siècle avant Jésus-Christ.

L'armée de Cyrus, formée en avant de son camp, s'appuie à l'Euphrate. La phalange est au poste d'honneur, à l'aile droite; les barbares à l'aile gauche. Entre ces deux corps, 600 cavaliers d'élite forment le centre. Cyrus se tient à leur tête afin de les porter au point le plus menacé.

L'armée des Perses, beaucoup plus nombreuse, marche à l'attaque sur un front trop étendu. Les chars de guerre précèdent l'avant-garde, composée de cavalerie cuirassée et d'archers, soutenus par de l'infanterie pesamment armée. Ces chars font plus de bruit que de mal.

Le corps de bataille se compose de bandes d'infanterie et de cavalerie, formées en colonnes pleines, par nations. C'est ainsi que nous verrons marcher, huit siècles plus tard, les armées d'invasion venues de l'Orient à la conquête de l'empire romain. Ces peuples ont la même origine et leur tactique est la même.

La cavalerie s'avance au pas ; au lieu de charger la phalange, elle est chargée par elle, et elle s'enfuit, sans attendre le choc irrésistible des sarisses.

La phalange poursuit sans désordre. Les chefs veillent à l'alignement ; aussi, quand elle est tournée par l'ennemi vainqueur sur un autre point, il lui suffit de faire face en arrière, pour intimider l'assaillant. Attaquée de nouveau, elle charge avec le même succès, sans perdre un seul homme, et elle met en fuite toute cette armée, qui se croyait victorieuse.

PHALANGE THÉBAINE.

Bataille de Leuctres (372 avant J.-C.).

L'an 372 avant J.-C., la phalange lacédémonienne se fait battre à Leuctres, par la phalange thébaine.

Épaminondas, le général des Thébains, dispose de 6.000 oplites, de 1.500 peltastes ou psylites et de 500 cavaliers. Les oplites sont formés sur 12 de profondeur à l'aile droite et au centre, et sur 50, à l'aile gauche.

C'est la première *colonne* profonde à front étroit, *la première colonne d'attaque.*

L'armée spartiate, quatre fois plus nombreuse, s'est arrêtée, après une longue marche, aux environs de

Leuctres, petite ville de la Béotie. La cavalerie forme la première ligne et l'infanterie la seconde.

Épaminondas déploie son armée devant les Spartiates, puis il fait poser les armes, comme pour camper.

Les Spartiates, fatigués, se réjouissent de ne pas en venir aux mains ; ils quittent les rangs et se dispersent.

Alors Épaminondas fait prendre les armes en silence et il envoie son aile gauche, renforcée par le bataillon sacré, attaquer l'aile droite des Spartiates.

Leur cavalerie, surprise, tourne bride et jette le désordre dans les rangs de l'infanterie. Celle-ci, profitant de sa supériorité numérique, veut s'étendre et former le croissant pour envelopper les Thébains, mais la colonne de 50 oplites de profondeur troue la phalange spartiate, qui n'a que 12 hommes d'épaisseur.

En même temps, Épaminondas fait reculer son aile droite, et la dérobe au choc de l'aile gauche ennemie.

Cette *disposition oblique* déconcerte les généraux spartiates, qui se sont fait une loi « de ne jamais changer leur ordre de bataille en présence de l'ennemi, d'accoutumer leurs soldats à pouvoir, quand le danger devient pressant, se servir les uns aux autres de lochagues, et à se tenir unis et serrés en combattant. »

« Dans cette occasion, la phalange d'Épaminondas n'ayant chargé que l'aile droite ennemie, sans s'arrêter aux autres troupes, et Pélopidas, de son côté, étant venu, à la tête du bataillon sacré, fondre sur eux avec une audace et une rapidité inexprimables, cette double attaque confondit tellement la science et la fierté des

Spartiates, qu'ils essuyèrent une déroute complète, et que les Thébains n'en firent jamais un si grand carnage[1] ».

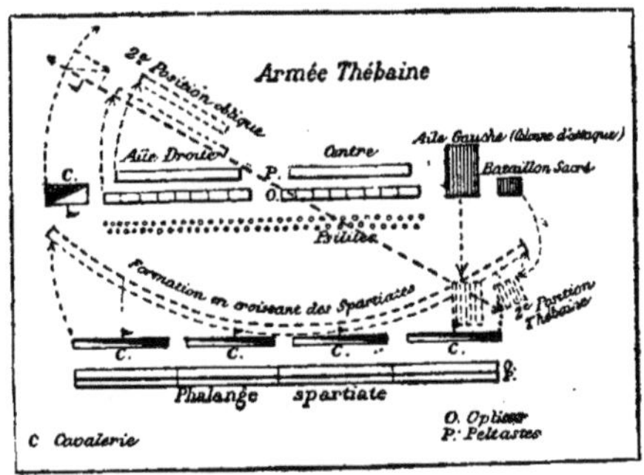

P. Merle, *d'après un croquis de E. Hardy.*

Fig. 18.

Pour ces Spartiates aguerris et toujours victorieux, le courage est la base de la tactique ; ils n'en ont pas prévu les défaillances. Les plus braves se font tuer, car il en reste 400 sur le champ de bataille, mais le plus grand nombre s'enfuit.

Ce qui confirme la maxime de Xénophon : « *C'est à la guerre surtout que l'on voit la surprise se changer en terreur, même chez les plus forts.* »

PHALANGE MACÉDONIENNE.

Alexandre avait vingt-deux ans, lorsqu'il conduisit à la conquête de l'Asie l'armée confédérée des Grecs.

[1] Plutarque. *Vie de Pélopidas.*

Cette armée, composée des contingents de toutes les cités, à l'exception de Sparte, comptait 16.000 oplites, 8.000 peltastes, 4.000 psylites, 4.500 cavaliers, en tout 32.500 combattants, qui emportaient des vivres pour un mois.

La phalange macédonienne formait le corps de réserve.

Le trésor contenait 70 talents (389.200 francs).

Passage du Granique (334 avant J.-C.).

L'armée des Perses veut défendre le passage du Granique.

« Alexandre s'élance dans le fleuve, suivi de treize îles de cavalerie, et il nage, au milieu d'une grêle de traits, vers le rivage, très-escarpé, qui est défendu par de l'infanterie et de la cavalerie. Il lutte avec effort contre le courant, et il conduit ses troupes « *plutôt en furieux qu'en général prudent* ».

A peine Alexandre a-t-il passé le fleuve, qu'il est obligé de combattre corps à corps. L'ennemi charge, avec de grands cris, les cavaliers macédoniens, à mesure qu'ils prennent pied, sans leur laisser le temps de se former.

Les lances rompues, les deux cavaleries s'abordent à l'épée.

Alexandre, « que l'éclat de son bouclier et le cimier de son casque, surmonté de deux ailes d'une grandeur et d'une blancheur admirables, signalent de loin aux coups ennemis, » est atteint, au défaut de sa cuirasse, par un javelot, qui ne lui fait, d'ailleurs, aucune blessure.

Deux officiers de Darius viennent à la fois l'attaquer. Il évite l'un et porte à l'autre un coup de javeline, qui fait voler sa cuirasse en éclats, puis, mettant l'épée à la main, il charge avec fureur. Mais l'un de ses adversaires le prend en flanc, se dresse sur son cheval, et assène sur la tête du jeune héros un coup de hache, qui abat une aile de son cimier [1].

Le casque est fendu et le tranchant de la hache pénètre jusqu'aux cheveux. Clitus intervient à temps; il perce un ennemi de sa javeline et Alexandre tue le second d'un coup d'épée.

Pendant cette mêlée de cavalerie, la phalange macédonienne a passé le fleuve et a mis en fuite l'infanterie des Perses.

Les mercenaires grecs de Darius, retirés sur une colline, demandent grâce; mais Alexandre ne veut rien entendre. Il se jette, le premier, au milieu d'eux, et son cheval est tué sous lui.

« Ce fut le seul point où il y eut des morts et des blessés, parce qu'on avait eu affaire à des hommes pleins de bravoure et qui se battaient en désespérés [2]. »

[1] La chevalerie du moyen âge ne combattra pas autrement, et nous retrouverons ces grands cimiers macédoniens sur le haume des bannerets.

[2] Ne croirait-on pas lire le passage du Rhin par l'armée de Louis XIV, en 1672? Là aussi, l'infanterie hollandaise demandera quartier aux fougueux gentilshommes, qui viennent de franchir le fleuve à la nage;

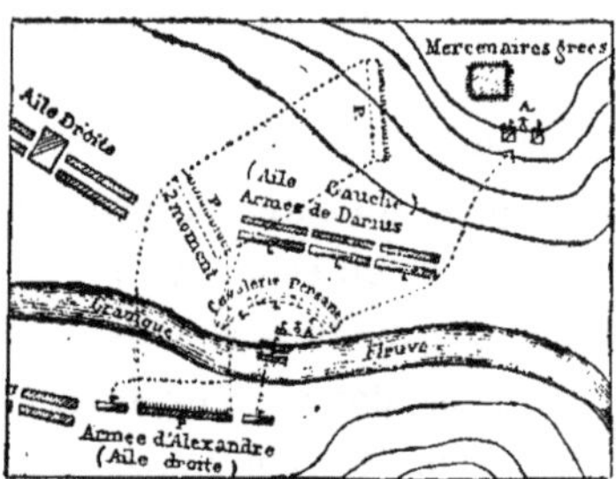

P. MERLE, *d'après un croquis de E. Hardy.*

Fig. 19.

Après le passage du Granique, Alexandre fit graver, sur le monument qui consacrait sa victoire, cette inscription :

« Alexandre, fils de Philipp   et les Grecs, *à l'excep-*
« *tion des Lacédémoniens,* ont gagné ces dépouilles
« sur les barbares qui habitent l'Asie [1]. »

Bataille d'Issus (333 avant J.-C.).

Darius, au lieu d'attendre la petite armée d'Alexandre et de l'écraser, par le nombre, dans les grandes plaines découvertes où il avait rallié plus de 500.000 hommes, s'engagea dans les montagnes de la Cilicie. La rencontre eut lieu dans les défilés d'Issus.

Alexandre prit le commandement de l'aile droite et, pour ne pas être enveloppé, il lui fit déborder la gauche des ennemis.

et, chargée par eux, elle fera une décharge qui tuera le duc de Longueville et blessera le grand Condé.

[1] Plutarque. *Vie d'Alexandre le Grand.*

Il combattit encore au premier rang et, quoique blessé, il mit les barbares en fuite.

Bataille d'Arbelles (331 avant J.-C.).

Après avoir conquis l'Égypte et les provinces maritimes des Perses, Alexandre a franchi l'Euphrate, afin de porter les derniers coups à Darius.

Il le rejoint près du village de Gangamèle, sur un affluent du Lycus.

La bataille d'Arbelles, qui livra l'empire des Perses à Alexandre, résume la tactique du vainqueur et celle des Asiatiques.

Plutarque et Arrien nous l'ont racontée d'après les historiens grecs, contemporains d'Alexandre :

« L'armée grecque marchait entre le Tigre et les monts Gordiens, lorsque ses coureurs signalèrent un gros de cavaliers persans. »

Alexandre chargea cette avant-garde, à la tête des hétères, et il fit des prisonniers, qui lui révélèrent les dispositions de Darius.

Près d'un million d'Asiatiques étaient rassemblés dans une vaste plaine. On comptait plus de 40.000 cavaliers, la plupart archers à cheval, 200 chars armés de faux et 15 éléphants [1].

[1] Pour donner aux éléphants un aspect plus terrible, on posait les tours qu'ils portaient sur des housses de drap rouge. Comme ces ani-

TH. BÉNAZET.

Fig. 20.

Darius campait en rase campagne, sans avoir pris la peine de fortifier son camp; cependant, il avait fait aplanir tous les obstacles, qui auraient pu gêner les manœuvres des chars ou de la cavalerie.

« Alexandre fait halte à 60 stades (11 kilomètres) de Darius, dans un camp retranché, où il donne quelque

maux, lorsqu'ils sont irrités, dressent et étalent leurs larges oreilles, on teignait ces oreilles avec des couleurs éclatantes. On bardait de plaques de fer la trompe, la tête, les flancs et le poitrail des éléphants; on adaptait des pointes d'acier à leurs défenses, et on armait leur poitrine d'un long éperon. On enivrait les éléphants au moment du combat. Aussi devenaient-ils quelquefois plus dangereux pour leurs conducteurs que pour l'ennemi.

Les éléphants jouèrent un grand rôle dans les guerres puniques; Annibal leur fit passer les Alpes, et les Romains s'en servaient encore au temps de César.

repos à ses troupes. Puis, vers la seconde veille de la quatrième nuit (9 heures du soir), il se met en marche, en ordre de bataille. » Ses soldats laissent au camp les gros bagages et les non-combattants. Ils n'emportent que leurs armes.

A peu de distance du camp de Darius, « tout éclairé par les flambeaux, et d'où s'échappe un tumulte semblable au bruit d'une mer agitée, » Alexandre déploie silencieusement son armée, dans les ténèbres. Ensuite, à la tête de quelques troupes légères et de ses hétères, il fait, en personne, la *reconnaissance de la position ennemie* et du terrain où il veut livrer la bataille.

Au retour, il refuse à ses généraux de tenter une attaque de nuit et il s'endort, en disant :

« Je ne dérobe pas la victoire. »

L'armée de Darius reste rangée en bataille, sur deux lignes rapprochées, pendant toute la nuit : « *Cette longue attente sous les armes développe chez elle la peur, qui se réveille toujours à l'approche d'une bataille* [1] ».

Le lendemain, Darius, entouré de sa famille et des grands de son empire, est assis sur un magnifique char très-élevé (*D*), au centre d'un immense mélange de cavalerie et d'infanterie, réunies par nations.

Devant le char, des archers (Fig. 21); derrière, les mercenaires grecs, la seule troupe qu'il puisse opposer à la phalange macédonienne.

[1] Arrien. *Anabase d'Alexandre.*

TH. BÉNAZET.

Fig. 21.

L'aile gauche, opposée à Alexandre, est couverte par la cavalerie scythe.

Mille Bactriens, cent chars armés de faux et les éléphants couvrent le centre. Le reste des chars, la cavalerie de l'Arménie et de la Cappadoce sont déployés devant l'aile droite.

L'armée d'Alexandre est formée aussi sur deux lignes.

La première comprend, à l'extrême droite, les hétères (*H*); puis, de droite à gauche, la compagnie

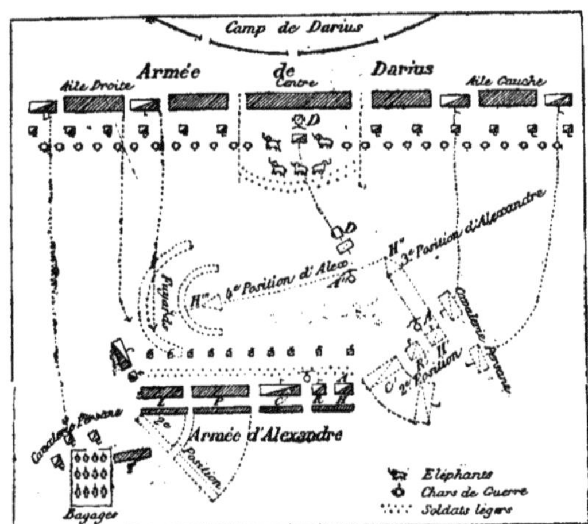

P. Merle, *d'après un croquis de E. Hardy.*

Fig. 22.

royale (*R*), la cavalerie de Philotas (*C*), la phalange (*P*), l'infanterie légère (*L*), la cavalerie alliée et les archers à cheval thessaliens.

Parménion, commandant de l'aile gauche, a près de lui les cavaliers d'élite pharsaliens.

La deuxième ligne, composée des troupes légères, doit faire volte-face, si les Perses tentent d'envelopper l'armée. Des psylites agriens et macédoniens, précédés de cavaliers légers, couvrent le front et lancent leurs traits contre les conducteurs des chars de guerre.

A la pointe de l'aile gauche, sur un front oblique, derrière la cavalerie alliée, l'infanterie thrace couvre les bagages et forme une petite réserve (*T*).

L'armée d'Alexandre, plusieurs fois renforcée depuis

le commencement de la campagne, compte 40.000 fantassins et 7.000 cavaliers.

Le combat s'engage, à l'aile gauche des Grecs, par une charge impétueuse de la cavalerie persane et par une démonstration contre les bagages.

Parménion, forcé de reculer, s'inquiète et demande, une première fois, des renforts à Alexandre.

Celui-ci, posté en face de Darius, appuie à droite (*C' R' H'*).

Darius se conforme à son mouvement, étend son aile gauche et lance, sur le flanc extérieur des Macédoniens, ses cavaliers scythes couverts de mailles, et les nombreux escadrons bactriens.

La cavalerie auxiliaire d'Alexandre repousse cette attaque et dégage l'aile droite.

Alors, les chars armés de faux sont lancés contre la phalange, mais les Agriens et les frondeurs baléares renversent les conducteurs, saisissent les rênes et tuent les chevaux.

Quelques chars parviennent jusqu'au front des oplites. Les rangs s'ouvrent, comme l'a prescrit Alexandre, puis ils se referment : les chars sont pris.

Darius donne le signal de l'attaque générale ; Alexandre court au-devant lui, à la tête de ses hétères, *formés en coin* (*H''*). Derrière eux, la phalange, qui a entonné le péan, charge piques basses.

Tout plie devant cette troupe d'élite.

Les brillants escadrons, qui entourent le char de Darius, prennent peur et se débandent. Quelques braves se font tuer, mais leurs corps entassés empêchent le char de tourner pour fuir. L'attelage, enfoui sous un monceau de cadavres, se cabre et n'obéit plus au frein.

TH. BÉNAZET.

Fig. 23.

Darius saute sur une jument et s'échappe à grand'peine, pendant qu'Alexandre, sollicité de nouveau de secourir Parménion, court à l'aile gauche avec les hétères.

Cependant, une partie de la cavalerie indienne et persane s'était fait jour jusqu'aux bagages et elle avait jeté le désordre parmi les Thraces, qui les gardaient. Ceux-ci, confiants dans les deux lignes qui les séparaient de l'ennemi, avaient été surpris sans armes, et les nombreux prisonniers persans s'étaient tournés contre eux. Mais la seconde ligne de l'armée grecque, faisant volte-face, était promptement accourue ; les Perses, pris à dos au milieu des bagages, avaient été tués ou mis en fuite.

Alexandre vint donner dans les fuyards avec ses hétères (*H‴*). Le choc fut terrible ; les barbares, combattant en désespérés, comme des gens qui disputent leur vie, renoncèrent à leurs évolutions ordinaires ; au lieu de se défendre de loin à coups de javelot, ils heurtèrent de front les Macédoniens et s'efforcèrent de les écraser par leur masse.

Soixante hétères périrent, mais la valeur de cette troupe d'élite l'emporta; Alexandre put passer.

Quand il rejoignit Parménion, la cavalerie thessalienne avait rétabli le combat et les Perses fuyaient sur toute la ligne. La victoire était gagnée.

Alexandre fit camper, au delà du Lycus, son armée épuisée de fatigue, et il courut en personne, pendant 600 stades (91 kilomètres), à la poursuite de Darius, avec ses cavaliers les mieux montés.

Parménion s'empara des innombrables richesses que contenait le camp de Darius.

CONCLUSIONS.

Si, maintenant, nous voulons apprécier exactement ces grandes batailles antiques, il nous suffira de relever le chiffre des pertes relaté par Arrien :

Du côté des Macédoniens, 100 hommes, la plupart hétères, et 1.000 chevaux tués ou fourbus.

Du côté des Perses, 300.000 morts et plus encore de prisonniers!

En tenant compte de l'exagération de l'historien, nous pouvons tirer cette conclusion : que les troupes serrées, disciplinées et manœuvrières faisaient promptement tourner le dos à la multitude indisciplinée et fougueuse, toujours prête à se débander à la première attaque. Ces masses confuses se mêlaient, s'embarrassaient mutuellement; elles devenaient des troupeaux effarés, qui se laissaient lâchement égorger.

Nous trouverons, dans les fastes des légions romaines, beaucoup d'exemples de ces égorgements, peu dangereux pour le vainqueur.

LIVRE DEUXIÈME

LES ROMAINS

LIVRE DEUXIÈME

LES ROMAINS

CHAPITRE IV

ORGANISATION MILITAIRE DES ROMAINS

SOMMAIRE.

La légion manipulaire. — Armement des légionnaires. — Troupes alliées. — Enseignes. — Signaux.

LA LÉGION MANIPULAIRE.

Romulus organisa militairement la cité qu'il avait fondée (753 avant J.-C.).

Il partagea son peuple en tribus, en centuries et en décuries.

De dix-sept à quarante-six ans, tous les Romains devaient le service actif. Au delà, s'ils étaient valides, ils faisaient encore partie de la réserve.

10 citoyens obéissaient à un décurion ;

10 décurions à un centurion ;

10 centurions à 3 tribuns, qui recevaient directement les ordres du roi.

Quand on prenait les armes, 2 centuries, réunies sous une même enseigne (*manipulus*, poignée de foin au bout d'une perche), formaient un *manipule*, commandé par l'un des deux centurions.

Les soldats étaient répartis, d'après leur valeur, leur degré d'instruction ou leur ancienneté, en trois classes. Il y avait, en conséquence, trois sortes de manipules : ceux des triaires (vétérans), ceux des princes (soldats de 1re classe) et ceux des hastaires (soldats de 2e classe).

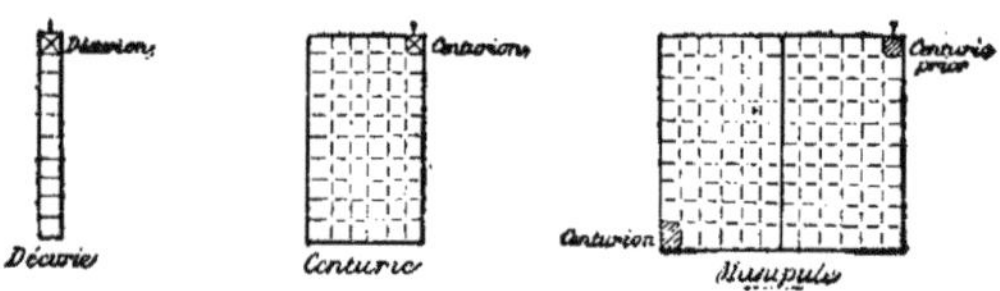

RAULINE, *d'après un croquis de E. Hardy.*

Fig. 24.

Trois manipules (un de chaque classe), disposés en profondeur, à 300 pieds (88 mètres) de distance, formaient la *cohorte*, commandée par le premier centurion des triaires (*triarius prior*).

L'effectif de cette cohorte était de 300 hommes : 120 hastaires, 120 princes, 60 triaires [1].

10 cohortes, placées côte à côte, formaient la *légion*, c'est-à-dire la réunion tactique de 30 manipules, disposés en échiquier sur trois lignes (hastaires, princes, triaires).

Le chef de la première cohorte (*primus centurio* ou *primipilus*) était le premier officier de cette légion de

[1] Ch. Lamarre, *De la milice romaine depuis la fondation de Rome jusqu'à Constantin.* Dezobry, 1862.

Nous avons beaucoup emprunté à cette thèse de doctorat, dont tous les éléments ont été recueillis dans les auteurs latins, avec une grande érudition.

3.000 fantassins, qui comprenait, en outre, 300 cavaliers patriciens (*celeres*), répartis en 10 escadrons (*turma*), de 30 cavaliers.

L'escadron, divisé en 3 décuries, était conduit par le premier de ses trois décurions.

Les trois tribuns de la légion la commandaient, à tour de rôle.

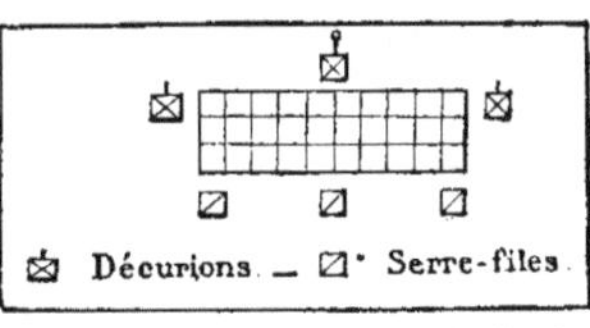

RAULINE, *d'après un croquis de E. Hardy.*

Fig. 25.

Servius Tullius (578-534) porta la légion à 4.000 fantassins, en y ajoutant 1.000 hommes de troupes légères.

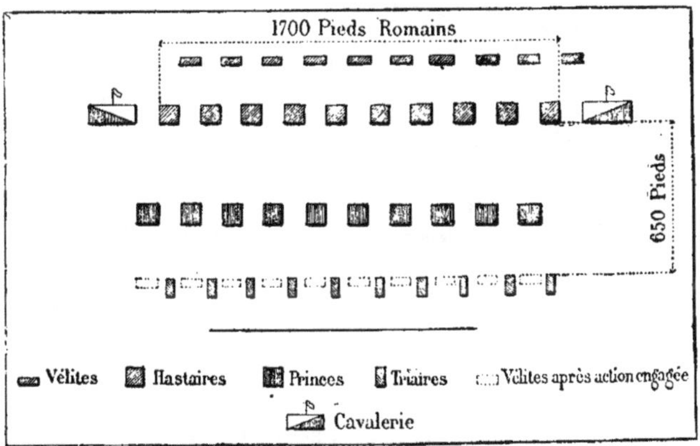

RAULINE, *d'après un croquis de E. Hardy.*

Fig. 26.

Il avait divisé, d'après leur fortune, les plébéiens en six classes.

Les 18 premières centuries de la 1re classe fournissaient la cavalerie légionnaire (*justus equitatus*) ; le reste et les 4 classes suivantes, l'infanterie pesamment armée (*milites*) ;

La 5e, l'infanterie légère (*levis armatura*) ;

La 6e, composée des citoyens les plus pauvres (*proletarii, capite censi*), était exemptée de la milice, parce qu'elle ne pouvait pas supporter les frais de la guerre.

Pour être soldat légionnaire il fallait donc, à l'origine, *être un citoyen aisé, ayant à défendre sa fortune particulière en même temps que la chose publique ;* c'était un privilége, une qualité.

Fig. 27. [2]

« Se donner pour soldat quand on n'en a pas le droit, est un délit grave [1] ».

D'ailleurs on ne devenait légionnaire qu'après un stage dans les troupes légères. Il fallait avoir successivement fait partie des *accensi* (ou *funditores*), soldats surnuméraires, qui n'avaient, le plus souvent, d'autres

1 « Dare se militem, cui non licet, grave crimen habetur » (*Digeste*).

2 *Accensus*. Figure du *Dictionnaire des antiquités grecques et romaines*, de MM. Daremberg et Saglio, publié en fascicules par la maison Hachette. Les directeurs de cette importante maison, en nous communiquant plusieurs de leurs clichés, ont fait, en notre faveur, une exception, dont nous leur sommes fort reconnaissant.

armes que la fronde et qui remplaçaient, au combat, les morts ou les blessés, puis, des *rorarii*, nus jusqu'à la ceinture, mais protégés par un bouclier rond, ou des *ferentarii*, sans bouclier.

CAR. HIRAUX, *d'après la colonne Trajane* [1].

Fig. 28.

Les uns et les autres n'avaient que des armes de jet, pour engager le combat et harceler les flancs de l'ennemi [2].

ARMEMENT DES LÉGIONNAIRES.

Pendant la deuxième guerre punique (542 avant J.-C.), les fantassins légers de la légion reçurent un armement uniforme et prirent le nom de *Vélites*.

Cet armement se composait d'un casque de cuir sans panache (*galea*) (Fig. 36), d'une courte épée espagnole et de plusieurs javelines à bois long et à fer très-aigu, servant de projectiles.

Une petite lanière (*amentum*), attachée en avant du centre de gravité de la javeline, et dans laquelle le

[1] *Rorarius.* La colonne Trajane a été élevée à Rome, l'an **112** après J.-C., pour célébrer les victoires gagnées par l'empereur Trajan sur les Daces.

[2] « Tela, quæ ferrentur, non quæ tenerentur. » (Végèce.)

vélite engageait l'index, augmentait de beaucoup la portée et la pénétration du trait.

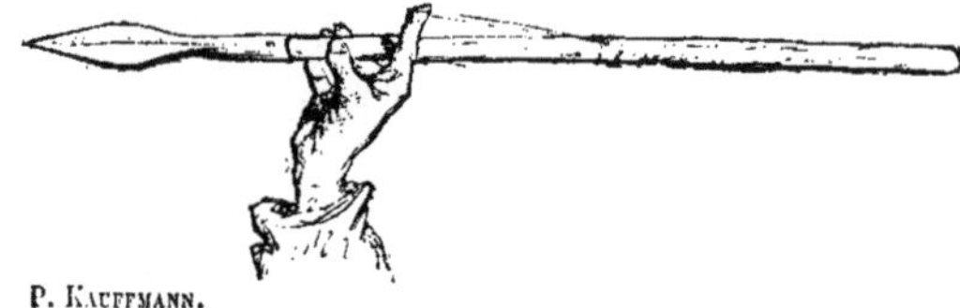

P. KAUFFMANN.

Fig. 29.[1]

Après l'apprentissage ou bien à la suite d'une action d'éclat, le vélite était admis parmi les pesamment armés, il devenait *Hastaire*.

On lui donnait alors un casque de cuivre, surmonté de grandes plumes noires ou rouges, une ceinture de fer, une jambière (*ocrea*) pour la jambe droite, un grand bouclier quadrangulaire (*scutum*), en bois léger recouvert de cuir, une longue lance, une épée courte et deux javelots.

G. HIBAUX, *d'après J. Duvaux*
Fig. 30.

Le *prince* conservait le même armement ; mais le *triaire* n'avait pour armes offensives que l'épée et le *pilum*, javelot composé d'une mince tige de fer, longue de 3 pieds (0m,90), tantôt ronde et tantôt carrée, terminée par une petite pyramide quadrangulaire ou par un harpon à quatre crocs. Cette tige était fixée

[1] Figure publiée dans l'*Illustration* (n° du 21 août 1875), d'après un modèle du musée de Saint-Germain.

à une hampe de même longueur et de 0m,03 de diamètre, soit par une douille, soit par une soie de 0m,15, traversée par une chevillette en fer.

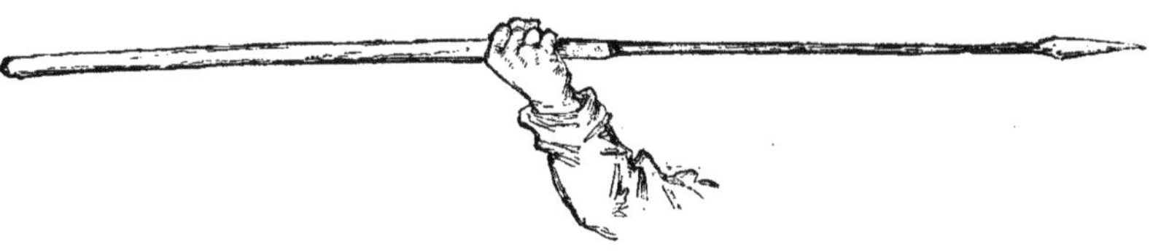

Fig. 31. [1]

« Suivant la vigueur du soldat qui le maniait, le pilum pesait de 850 à 1.125 grammes. Lancé à 30 mètres, c'est-à-dire à une distance suffisante pour laisser au triaire le temps de mettre l'épée à la main, il avait une tige assez longue pour faire à l'adversaire une profonde blessure, après avoir traversé son bouclier. Dans tous les cas, il restait attaché à ce bouclier, obligeant ainsi l'ennemi à baisser le bras gauche et à présenter sa gorge découverte à la pointe effilée de la courte épée, à lame large et à deux tranchants, qu'on appelait l'épée espagnole [3]. »

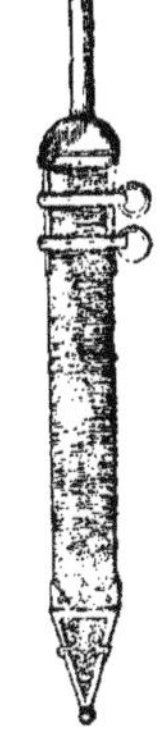

Fig. 32. [2]

[1] *Illustration*, idem.

[2] Viollet-le-Duc, *Dictionnaire du mobilier*, Ve volume, page 360.

[3] Général Verchère de Reffye, *Notice sur les armes d'Alise*. Librairie académique de Didier, 1864.

Les cavaliers légionnaires avaient l'armement des fantassins. Le harnachement du cheval était une housse en drap ou en cuir, sans selle et sans étriers.

« Les armes des cavaliers, écrit Polybe 150 ans avant J.-C., sont à présent les mêmes que celles des Grecs; mais anciennement les cavaliers romains n'avaient pas de cuirasses; ils combattaient avec leurs simples vêtements, ce qui leur donnait beaucoup de facilité pour descendre de cheval et pour y remonter.

CAR. HIRAUX, *d'après Jules Duvaux.*

Fig. 33. [1]

« Comme ils étaient dépourvus d'armes défensives, ils couraient de grands risques dans la mêlée. D'ailleurs, leurs javelines étaient inutiles, pour deux raisons . la première, c'est qu'étant minces et branlantes, elles

[1] Les figures 30 et 33 ont été dessinées par M. Jules Duvaux, dans le *Dictionnaire du comte de Chesnel,* d'après les bas-reliefs de l'arc de Constantin.

ne pouvaient être lancées juste, et qu'avant de frapper l'ennemi, la plupart se brisaient, par le seul élan des chevaux ; la seconde, c'est que les javelines, n'étant pas ferrées par le bout inférieur, ne pouvaient plus servir quand elles s'étaient rompues.

« Le bouclier des cavaliers était fait de cuir de bœuf et assez semblable à ces gâteaux ovales, dont on se sert dans les sacrifices. Dans aucun cas il n'était assez ferme pour résister, mais il n'était plus d'aucune défense quand la pluie l'avait amolli et gâté.

« Les cavaliers romains préfèrent l'armure des Grecs. En effet, les lances grecques (Fig. 5), roides et fermes, portent le premier coup juste, violent, et s'emploient, tout aussi bien, par l'extrémité inférieure, qui est ferrée ; les boucliers rigides sont excellents pour l'attaque et pour la défense.

« De tous les peuples, le peuple romain est celui qui abandonne le plus volontiers ses coutumes pour en adopter de meilleures [1] ».

TROUPES ALLIÉES.

Quand les rois eurent vaincu les peuples du Latium,

[1] Polybe, liv. IV.

.... « Jamais l'orgueil n'empêcha nos ancêtres d'adopter les institutions étrangères quand ils les trouvaient bonnes ; c'est ainsi qu'ils empruntèrent aux Samnites leurs armes offensives et défensives. »

(Salluste, *Conjuration de Catilina*, ch. 51.)

.... « La principale attention des Romains était d'examiner en quoi

de la Sabine et de l'Étrurie, ils leur imposèrent le service militaire.

Les *alliés* (*sagittarii*), armés d'abord de l'arc, dont les Romains dédaignaient l'usage, faisaient le service de troupes légères et se rangeaient aux ailes de la légion. Bientôt ils reçurent l'armement romain et furent organisés en légions.

La cavalerie alliée, qui formait la plus grande partie de la cavalerie romaine, se composait d'archers (*equites sagittarii*) et de lanciers (*contarii*), armés d'un léger bouclier rond et d'une longue pique à fer effilé, portant une croisière près de la douille.

ENSEIGNES.

La légion avait quatre enseignes générales : l'aigle, le loup, le minotaure et le sanglier, portées par des officiers éprouvés (*aquiliferi*) (Fig. 34) et gardées par des soldats d'élite (*antesignani*, *postsignani*), qui se pla-

leur ennemi pouvait avoir de la supériorité sur eux, et d'abord ils y mettaient ordre.... Si quelque nation tint de la nature ou de son institution quelque avantage particulier, ils en firent d'abord usage. Ils n'oublièrent rien pour avoir des chevaux numides, des archers crétois, des frondeurs baléares, des vaisseaux rhodiens.... »

(Montesquieu, *Grandeur et décadence des Romains*, ch. 2.)

Nous verrons les rois de France, à l'exemple des Romains, prendre successivement à leur solde les archers génois, la cavalerie albanaise, hongroise ou écossaise, l'artillerie milanaise, l'infanterie suisse, les lansquenets et les reîtres allemands. Eux aussi *adoptaient les institutions étrangères, quand ils les trouvaient bonnes.*

çaient, avec elles, en avant du manipule des triaires de la 1re cohorte.

La cohorte et l'escadron (*turma*) avaient le (*vexillum*), fanion carré, de couleur éclatante, suspendu à un bâton fixé en croix au bout d'une lance (Fig. 38).

Le manipule avait pour guidon (*signum*) une pique terminée par une main ouverte; la hampe supportait les couronnes, gagnées sur le champ de bataille ou dans les assauts.

PELISSE, *d'après* A. *Tardieu.*

Fig. 34.

SIGNAUX.

Les signaux, de jour ou de nuit, des manœuvres et du combat, étaient donnés par des instruments différents :

Le clairon (*tuba*), cône allongé, à étroite embouchure, en os d'abord, puis en airain, faisait les sonneries du service de jour; il indiquait le réveil, les distributions, les repas.

Il y avait deux repas pour les vingt-quatre heures : le déjeuner, très-léger, mangé debout (*statarium prandium*) et le souper (*cœna*), qui réunissait l'escouade; les vélites venaient prendre part au souper.

Au combat, le clairon donnait le signal de l'attaque, de la poursuite ou de la retraite.

La corne (*cornu*) était une corne de bœuf à embouchure de métal; plus tard, elle fut en airain. Elle sonnait aux porte-enseigne, et indiquait le moment de planter ou d'enlever les aigles; elle sonnait le ralliement.

La trompette (*buccina*) était un instrument recourbé comme un cor de chasse; une barre transversale, de $0^{m},50$ environ, réunissait ses deux extrémités. Elle faisait les sonneries du service de nuit, et indiquait les veilles [1].

CAB. HIRAUX, *d'après la colonne Trajane.*

Fig. 35.

Au combat, elle sonnait la charge.

Le *lituus*, long tube d'airain, un peu recourbé à son extrémité supérieure, avait un son perçant : c'était la trompette de la cavalerie.

[1] « *Et jam quarta canit venturam buccina lucem.* » Il y a, au musée de Saint-Germain, une trompette romaine en airain, dans un parfait état de conservation.

Chaque cohorte avait des musiciens (*tibicines, cornicines*, etc.), qui, en route, marchaient en tête. Ceux de la légion campaient à côté du légat ou du tribun qui la commandait.

CHAPITRE V

L'ARMÉE CONSULAIRE

SOMMAIRE.

Recrutement et mobilisation. — Hiérarchie militaire. — Récompenses et châtiments. — Services administratifs.

RECRUTEMENT ET MOBILISATION.

Dès le début de la République (509 avant J.-C.), le devoir militaire est le complément des fonctions civiles.

Les consuls sont les généraux en chef. L'un d'eux dirige, chaque année, la mobilisation des quatre légions, qui composent l'armée consulaire.

Aussitôt que le Sénat a déclaré la guerre, un drapeau rouge est arboré au Capitole. Il y restera trente jours (*justi dies*).

Des crieurs parcourent les campagnes, et un édit, affiché dans la cité, indique le jour de l'enrôlement.

Ce jour venu, le consul, qui doit commander l'armée, siége, en habit de guerre (*paludatus*), au Capitole ou au champ de Mars; il est entouré des tribuns militaires.

Ceux-ci font l'appel des *juniores*, citoyens de dix-sept à quarante-six ans, inscrits sur les registres matricules de leurs légions respectives.

On en appelle quatre à la fois, pour que les tribuns choisissent, à tour de rôle.

Les absents sont déclarés déserteurs, et condamnés à être vendus comme esclaves.

La répartition achevée, le consul assigne aux enrôlés un lieu de rendez-vous hors des murs de Rome.

Là, on incorpore les appelés dans les centuries des légions ou des cohortes extraordinaires.

Une fois les effectifs au complet, les citoyens non enrôlés suivent l'armée à titre de surnuméraires (*accensi*); ou bien, ils restent à Rome, pour faire partie de la garde municipale (*legiones urbanæ*).

Cette levée annuelle s'appelle *legitima militia*. Pendant la paix, elle a pour but d'exercer la milice et d'en compléter les cadres.

Si la patrie est déclarée en danger (*tumultum esse*), le consul ou le dictateur monte au Capitole, déploie un drapeau rouge pour les fantassins, un drapeau vert pour les cavaliers. A ce signal, tous les citoyens, sans exception, revêtent le manteau militaire (*sagum*) et se rendent au champ de Mars, où ils sont enrôlés, séance tenante.

C. Hiraux, *d'après J. Duvaux.*

Fig. 36.

C'est la levée en masse : *conjuratio*.

En même temps, des centurions recruteurs (*conquisitores*) parcourent l'Italie, et emmènent tous les hommes libres qui se présentent à eux (*evocatio*).

Quand les Italiens eurent reçu le droit de cité, cette méthode de recrutement devint un usage.

Après l'enrôlement, le *serment militaire.*

Un légionnaire éprouvé s'avance au pied du tribunal du consul et prononce la formule :

« Je jure de suivre le général, de ne le point quitter « sans congé, de ne jamais abandonner l'enseigne, de « ne sortir des rangs que pour ramasser un javelot, « pour frapper l'ennemi ou pour sauver un citoyen. Je « jure de ne pas voler dans le camp [1]. »

Tous les légionnaires défilent ensuite devant les tribuns et disent :

« Je le jure ! »

Après le serment, les tribuns congédient les *juniores,* en leur assignant un lieu de rendez-vous, pour la formation de la légion.

A la date fixée, les tribuns classent les soldats et choisissent les cadres.

Les plus jeunes, ou les plus pauvres, qui n'ont pas pu se procurer l'armement du légionnaire, comptent parmi les *vélites.*

Les autres sont *hastaires* ou *princes,* selon leur degré de vigueur, ou d'instruction militaire. Pour être *triaire,*

[1] Vers la fin de la République, on ajouta « d'être fidèle au Sénat et au peuple romain ». Sous les empereurs, il n'y eut plus qu'un seul serment de fidélité à César, renouvelé, tous les ans, aux calendes de janvier (*solemne calendarum januariarum sacramentum*).

il faut avoir fait ses preuves dans les précédentes campagnes.

L'effectif des princes ou des hastaires peut dépasser le chiffre réglementaire; celui des triaires n'est jamais dépassé.

Jusqu'aux guerres puniques, une armée consulaire se compose, ordinairement, de deux légions romaines (8.600 hommes), formant le centre de la ligne de bataille, et d'un certain nombre de légions ou de cohortes alliées, placées aux ailes. Les alliés ont le même effectif, en infanterie, que les troupes romaines.

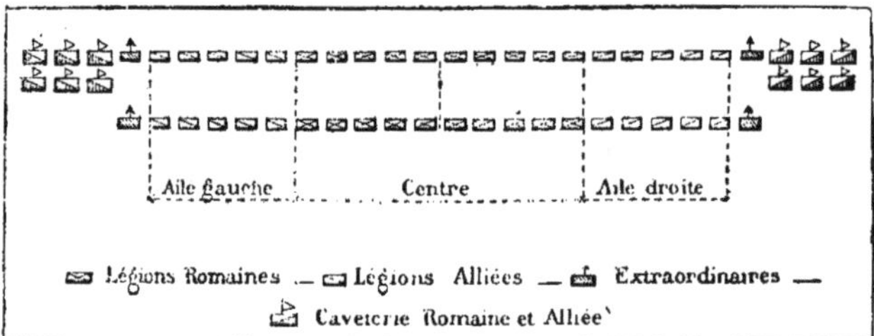

RACLINE, *d'après un croquis de E. Hardy.*

Fig. 37.

Leurs cohortes (*cohortes alariæ*) ne contiennent que des fantassins (*cohortes peditatæ*), ou bien elles sont mixtes (*cohortes equitatæ*) et comprennent de 500 à 1.000 fantassins et de 120 à 240 cavaliers.

Certaines légions reçoivent, à titre d'***auxiliaires***, jusqu'à huit cohortes de barbares, qui gardent le nom

Fig. 38.

de leur pays[1]. Ces barbares sont armés de l'arc, du dard (*jaculum*) (Fig. 28, p. 101) ou de la massue (*clava*).

Fig. 39 [2].

1 *Septima cohors Alpinorum* (Tacite).

2 *Claviger*. Les figures 38 et 39 sont empruntées au *Dictionnaire des antiquités grecques et romaines*, de MM. Daremberg et Saglio.

HIÉRARCHIE MILITAIRE.

Le *général en chef* de l'armée (consul, préteur ou dictateur) est suivi de douze licteurs, vivant témoignage du droit de vie et de mort qu'il a sur tous. Il est escorté par un escadron de cavalerie d'élite (*extraordinarii :* guides du consul).

Il désigne un *maître de la cavalerie*, qui est en quelque sorte son chef d'état-major, et des légats (*legati*), pour le seconder dans le commandement.

Les *tribuns* jugent sans appel toutes les fautes contre la discipline ou le devoir militaire ; ils distribuent les récompenses, et nomment à tous les grades ou emplois de la légion.

Jusqu'en 360 avant J.-C., les tribuns sont choisis par les consuls. Il y en a six par légion, qui alternent deux par deux, tous les deux mois, pour le commandement de la légion. Depuis 360 jusqu'à Tibère, les tribuns sont élus par les comices (*tribuni comitiati*) ou nommés par les consuls (*tribuni rufuli*) [1].

Les insignes des tribuns sont : l'*angusticlave*, tunique courte, sans ceinture, qui s'ouvre par devant et qui est bordée de pourpre, l'anneau d'or au bras, le casque doré, la parme, bouclier rond, richement ornée, et l'épée à poignée d'ivoire (*parazonium* (Fig. 32, p. 103).

[1] Sous l'empire, ils sont nommés par l'empereur : *majores* (c'est l'origine du titre de major) ; ou bien, ils ne doivent leur titre qu'à un avancement régulier, et, dans ce cas, ils sont moins considérés : *minores*, officiers de fortune.

Les tribuns sont responsables de l'instruction et des détails du service. Ils surveillent les distributions.

« Dans les trois classes de légionnaires, les tribuns choisissent dix des soldats les plus prudents et les plus braves, pour en faire des chefs; les plus jeunes ne concourent pas pour ce choix.

« Après ces dix, on en choisit dix autres; les vingt élus sont appelés *centurions* ou *chefs de file*. Le premier a voix délibérative dans le conseil de la légion.

« Les centurions choisissent ensuite vingt serre-file (*optiones*).

« Chaque manipule a donc 4 officiers, deux à la tête, deux à la queue.

« On met deux centurions dans chaque manipule, parce qu'on ne sait pas ce que ferait un seul chef, ni ce qui pourrait lui arriver; et, comme, à la guerre, les excuses n'ont aucune valeur, on ne veut pas que les soldats d'un manipule puissent alléguer, après un échec, qu'ils n'avaient pas de chef pour les conduire.

« De ces deux centurions, le premier élu marche à la droite du manipule et le deuxième à la gauche. Lorsque l'un des deux vient à manquer, celui qui reste conduit le manipule.

« En choisissant ces chefs, on cherche moins des hommes audacieux et entreprenants, que des hommes habiles dans l'art de commander, persévérants et de bon conseil.

« On ne demande pas qu'ils soient prompts à en venir

aux mains et à commencer le combat, mais on veut qu'ils résistent constamment lorsqu'on les presse, et qu'ils meurent plutôt que d'abandonner leur poste.

PELISSE, d'apr. la col. Trajane
Fig. 40.

« Les insignes des centurions sont un casque à cimier, signe de ralliement, et un cep de vigne, instrument de répression.

« Les centurions choisissent, pour *porte-enseigne* deux vétérans qui surpassent leurs camarades en vigueur corporelle et en force d'âme »[1].

Ils nomment aussi les *decani* ou *decuriones* (caporaux), qui commandent chacun une escouade de dix hommes (*contubernales*).

Ces 10 légionnaires mangent ensemble, mais ils ne dressent leurs tentes que pour huit hommes, parce qu'il y en a toujours deux, au moins, qui sont de garde ou de service (*vigiles*, *excubitores*, *circitores*).

A chaque *contubernium* est attaché un certain nombre de vélites, pour remplir les vides, qui se produiront pendant la campagne.

Les vétérans rengagés (*evocati*) jouissent de certains priviléges.

En dehors des cadres de la troupe, il y a, auprès des

[1] Polybe, liv. IV.

généraux et des tribuns, des cavaliers et des fantassins d'élite, chargés de la transmission des ordres. Ce sont les *tesserarii*, qui portent aux légions le mot d'ordre, inscrit sur une planchette, et les *speculatores*, guides, coureurs, ordonnances.

RÉCOMPENSES ET CHATIMENTS.

Les récompenses militaires sont :

1° Le collier (*phaleræ*) [1] ;

2° La chaîne d'or ;

3° L'*hasta* (javeline sans fer) ;

4° Les bracelets d'argent (*armillæ*) ;

5° Le cimier (*corniculum*) ;

6° Les couronnes : *castrensis*, pour celui qui est entré le premier dans le camp ennemi ; *muralis*, pour le premier à l'assaut ; *civica*, pour le sauveur d'un citoyen ; *classica*, *navalis*, *rostrata*, pour un exploit sur mer.

Les officiers ou les chevaliers peuvent obtenir : la couronne *obsidionale*, quand ils ont dégagé une armée ou une légion assiégée, ou bien un *vexillum*, rouge pour l'armée de terre, bleu pour l'armée de mer.

Le général qui a, de sa main, tué le général ennemi, porte ses dépouilles (*spolia opima*) au temple de Jupiter. Elles y sont conservées avec le nom du vainqueur.

Le sénat n'accorde les honneurs du *triomphe* qu'au général en chef, qui, dans une guerre nationale (*jus-*

[1] On trouvera, au chapitre suivant, un signifère paré de cette récompense.

tum et hostile bellum), a fait périr 5.000 ennemis au moins et qui a agrandi le territoire de la république.

Les peines sont sévères. Les tribuns prononcent, pour les fautes légères :

1° La réprimande (*castigatio*) ;

2° L'amende, privation de solde ou de butin (*pecuniaria mulcta*) ; trois amendes successives entraînent la peine de mort ;

3° Les corvées sans armes (*munerum indictio*) ;

4° La rétrogradation d'une classe à une autre, de cavalier à fantassin, de légionnaire à vélite (*militiæ mutatio*) ;

5° Pour les officiers ou sous-officiers, le retrait d'emploi ou la rétrogradation au grade inférieur (*gradus dejectio*) ;

6° La bastonnade (*fustuarium*) : le centurion frappe le soldat avec son cep ; puis il le fait passer devant le rang du manipule, et chacun le frappe à tour de bras. Cette peine n'est pas infamante : c'est le châtiment des *tesserarii*, qui ont négligé leur service de ronde. C'est aussi celui des voleurs, des faux témoins, des poltrons et de ceux qui se sont vantés d'un exploit imaginaire.

Pour les fautes graves :

1° La dégradation militaire (*ignominiosa missio*), qui entraîne la réforme (« *tuâ operâ jam non utar* ») ;

2° Les verges, peine infamante qui prive le coupable de ses droits de citoyen, et après laquelle il peut être vendu comme esclave ;

3° La peine de mort, pour tout acte d'insubordination ou de lâcheté : abandonner son général, déserter devant l'ennemi, vendre ses armes, escalader les murs du camp.

Il y a plusieurs formes de supplice : la lapidation, la décollation, la mort à coups d'épée, le crucifiement et la noyade.

Quand il y a eu complot, le général ordonne que les coupables tirent au sort, et un soldat sur dix, après avoir reçu les verges, est décapité devant la légion. Les autres, parqués en dehors de l'enceinte du camp, ne reçoivent que de l'orge pour toute nourriture.

Celui qui se coupe la première phalange du pouce de la main droite, pour ne pas servir, est puni de mort. (*pollex truncatus, pol-trunc;* c'est l'étymologie du mot *poltron*).

Auguste fit vendre un chevalier romain, parce qu'il avait fait couper le pouce à ses deux fils.

Sous les empereurs, la désertion devint si commune qu'il fallut renoncer à en appliquer les peines.

SERVICES ADMINISTRATIFS.

A côté du général, le questeur dirige les services administratifs : solde, butin, subsistances, habillement, équipement, armement, ambulances. C'est l'intendant général de l'armée.

Il reçoit du Trésor, à l'entrée en campagne, une somme avec laquelle il doit faire face à toutes les dépenses de l'armée, sans oublier cet axiome : « *La guerre doit nourrir la guerre* ».

Quand la campagne se prolonge, il reçoit la solde tous les quatre mois.

Les comptes des légions et des manipules sont tenus par des comptables particuliers (*librarii legionis* ou *manipulares*), qui ont un règlement spécial, des priviléges, et une direction centrale (*schola*) siégeant à Rome.

La *solde*, donnée aux légionnaires à partir de l'an 404 avant J.-C., sert à payer les rations perçues à titre remboursable.

Le centurion a une double solde; le cavalier en a une triple, parce qu'il a deux valets à nourrir.

Le *butin* est partagé entre les soldats qui l'ont pris [1]. La moitié en est vendue au profit du trésor particulier de la légion.

Ce trésor, analogue à la masse générale d'entretien de nos régiments, est gardé, avec les enseignes, par les signifères.

Les *vivres* fournis par le questeur sont : le blé, le sel, l'huile, les légumes, le fromage, le lard, et, dans les grandes circonstances, la viande de mouton.

Le blé, acheté par les *frumentarii*, est donné à raison

[1] Après le siège d'Alésia, César donna un esclave gaulois à chacun de ses soldats.

de 25 kilogrammes par mois (*menstruum*)[1]. En campagne il est distribué pour dix-sept jours et le légionnaire le porte dans une musette.

Le légionnaire mange ce blé soit en bouillie, après l'avoir broyé sur une pierre ou l'avoir fait rôtir sur des charbons, soit, sous forme de pain, cuit sous la cendre. Chaque escouade a sa meule à bras[2].

Le centurion touche deux rations, le tribun quatre.

La ration du cheval, quelquefois payée en argent, est, par mois, de 42 mesures d'orge.

Les effets d'habillement se composent du manteau (*sagum*)[3], draperie brune pour les soldats, écarlate pour les tribuns et les centurions; de la tunique, descendant jusqu'au genou pour les soldats pesamment armés, et s'arrêtant à la ceinture pour les porte-enseigne, les cavaliers et les vélites[4].

Les effets sont, à leur arrivée à l'armée, visités par des agents spéciaux (*procuratores*), qui inscrivent sur leurs registres les entrées en magasin, les distributions et les parties prenantes. Ces effets, gratuitement délivrés au début de la campagne, ne peuvent être remplacés qu'aux frais du légionnaire, qui les rembourse avec sa solde. Les réparations sont faites par des ouvriers tailleurs (*sagarii*).

1 Sous les empereurs, le biscuit (*bucculatum*) entre pour un quart dans la ration.

2 L'escouade d'aujourd'hui a son moulin à café.

3 Page 112, figure 36.

4 Le haut-de-chausses (*bracœ*) ne date que d'Auguste.

Le Trésor ou, depuis Auguste, la caisse militaire (*ærarium militare*), entretenue par des impôts spéciaux, paye comptant les fournitures. Quelquefois les effets sont fournis, en argent ou en nature, soit par des dons volontaires des citoyens romains exemptés du service, par les chevaliers par exemple, soit par les provinces conquises.

Quant aux *ouvriers d'art*, charpentiers, mineurs, maçons, boulangers, fabricants de machines, Servius Tullius en avait attaché deux centuries à chaque légion. Ils eurent, sous les empereurs, un chef particulier (*præfectus fabrorum*).

Le service des *ambulances* est dirigé par des chefs infirmiers (*optiones valetudinarii*). Les blessés ou les malades, placés sur des chariots, suivent l'armée jusqu'à ce qu'on trouve quelque ville alliée ; là, on les confie aux habitants les plus riches.

César établit dans les Gaules un camp fortifié pour ses malades.

Dans les premiers siècles, Rome n'avait pas de médecins ; les malades étaient soignés d'après le *Manuel des conseils et remèdes* de chaque Pater familias. Ce ne fut qu'en 218 avant J.-C. qu'un médecin grec, Archagatas, fonda la première école de chirurgie. Les généraux purent, dès lors, se faire suivre par des esclaves chirurgiens (un peu barbiers sans doute), que César affranchit, fit citoyens, et qui formèrent la corporation des *Médici*. Sous les empereurs, le service médical fonctionna régulièrement ; la légion eut plusieurs chirurgiens (*medici legionis*) et un médecin en chef (*medicus ordinarius*).

Les cohortes indépendantes avaient aussi des médecins. Aurélien (70 ans après Jésus-Christ) leur défendit de se faire payer par les soldats : « *A medicis milites gratis curentur.* »

Le service vétérinaire était confié aux *medici jumentarii.*

A la fin de la campagne, le questeur rentrait à Rome pour rendre ses comptes aux agents du Trésor.

Cela s'appelait : *rationes ad ærarium referre.*

CHAPITRE VI

L'ART MILITAIRE CHEZ LES ROMAINS

SOMMAIRE.

Castramétation. — Tactique de marche. — Formations de combat. — L'ordre manipulaire. — Bataille de Cannes. — Cavalerie romaine. — Unité d'armement. — L'ordre en cohortes. — Invasion des Cimbres et des Teutons. — Victoires de Marius. — Matériel de la légion. — Machines de guerre. — Travaux de campagne.

CASTRAMÉTATION.

La visite d'un camp de Pyrrhus apprit aux Romains les premiers principes de la castramétation 280 avant J.-C.

Dès lors, sans négliger l'étude du terrain et le choix des positions, ils firent de leur camp retranché un solide point d'appui, qui suppléait aux obstacles naturels.

A quelque distance du point où la légion devait arrêter sa marche, un tribun, accompagné de plusieurs centurions, prenait les devants, pour déterminer l'emplacement du camp.

Quand il l'avait choisi, il plantait un *vexillum* au point central, où devait s'élever la tente du consul, puis, il faisait tracer les limites du *prétoire*, planter des guidons aux quatre angles du camp et jalonner, avec des lances, les avenues et les voies principales.

Ces dispositions étaient prises d'une manière uniforme, afin que les troupes pussent, à la seule inspection du tracé, se rendre directement à leurs places et commencer l'installation.

Le camp était le plus souvent un rectangle, entouré d'un fossé de douze pieds de largeur, pour neuf de profondeur ($3^m,75$ sur $2^m,70$).

Les terres du déblai formaient intérieurement le *vallum*, parapet de huit pieds de haut, surmonté des pieux que portait le légionnaire[1].

Ces pieux, profondément enfoncés, étaient des troncs

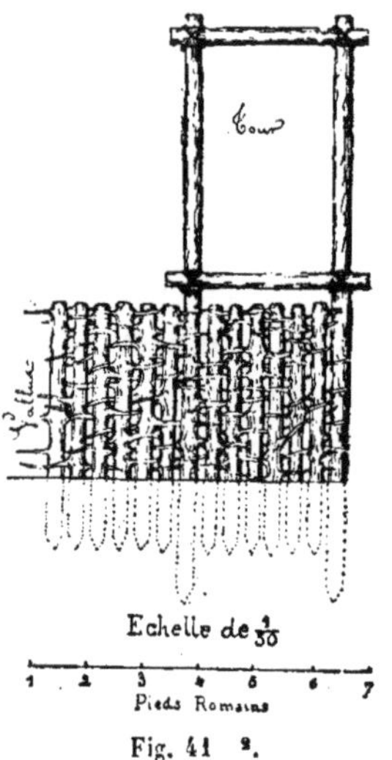

Fig. 41 [2].

[1] Scipion devant Numance (134 ans avant J.-C.) en faisait porter sept à chacun de ses soldats.

[2] Figure empruntée à l'atlas de l'*Histoire de Jules César*. Paris, Henri Plon, 1865.

d'arbres, auxquels on laissait trois ou quatre de leurs principales branches.

« Ces branches sont tellement enchevêtrées qu'on peut à peine distinguer le pied dont elles sortent. Il n'est pas possible de glisser la main entre elles, parce qu'elles ne laissent aucune ouverture et que les extrémités sont pointues. Deux ou trois hommes uniraient en vain leurs efforts pour arracher l'un de ces pieux; il faudrait en arracher quatre ou cinq à la fois, et encore l'ouverture ainsi faite serait-elle insuffisante [1]. »

En arrière de cette *haie* artificielle était ménagée une banquette.

Quatre portes s'ouvraient dans le vallum:

La *prétorienne* et la *décumane* se faisaient face sur les petits côtés du rectangle; elles étaient reliées entre elles par l'*avenue transversale*, qui traversait le prétoire;

Les *principales*, ouvrant à gauche et à droite sur les grands côtés, étaient réunies par la *voie quintane*.

Au pied du vallum, courait un chemin de ronde, large de deux cents pieds (59 mètres), au bord duquel les tentes étaient dressées, hors de la portée du trait.

Un espace de deux cents pieds carrés était réservé autour du tribunal et de la tente du général; c'était le *prétoire*. Les enseignes y étaient plantées.

A gauche, la tente du maître de la cavalerie et le *forum*, marché du camp; à droite, le pavillon du questeur et de ses comptables.

[1] Polybe, liv. IV.

En arrière du prétoire, les tentes des tribuns sur une seule ligne.

Ce quartier général (*principia*) était séparé du quartier des troupes par deux avenues, de cent pieds de largeur.

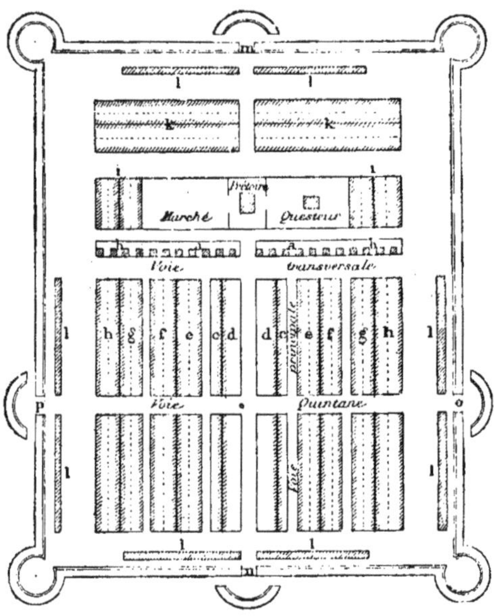

D'après Th. Duvotenay, géographe.

Fig. 42.

a Tentes des tribuns.
b Tentes des préfets.
c Triaires.
d Cavalerie romaine.
e Princes.
f Hastaires.
g Cavalerie romaine.
h Cavalerie alliée.
i Élite des cavaliers extraordin. et volontaires.
k Extraordinaires ; troupes étrangères et alliées, qui se joignaient à l'armée pendant la campagne.
l Vélites.
m Porte prétorienne.
n Porte décumane.
o Porte principale, de droite.
p Porte principale, de gauche.

L'armée campait dans son ordre de marche.

En avant du prétoire, l'avant-garde, composée des troupes légères alliées; en arrière de l'avenue transversale, le corps de bataille, c'est-à-dire les légions romaines, puis, l'infanterie par cohortes et la cavalerie légionnaire sur huit colonnes, flanquées extérieurement par deux colonnes d'alliés.

Deux voies en croix partageaient cette partie du camp en quatre rectangles égaux.

Les vélites bivouaquaient en ligne, à droite et à gauche des portes. Pour le repas du soir, ils venaient se joindre à la décurie légionnaire, dont ils dépendaient.

Devant l'ennemi, le vallum, de 2.370 mètres de développement, était construit, en moins d'une heure, par la moitié de l'infanterie sous la protection de l'autre moitié.

Le terrain environnant était gardé et éclairé au loin, pendant le travail, par les troupes légères et par la cavalerie.

« Une armée consulaire, renforcée par des troupes légères et des auxiliaires, forte de 24.000 hommes d'infanterie et de 5.800 chevaux, en tout, près de 30.000 hommes, campait dans un carré de 336 toises de côté, ayant 1.344 toises de pourtour, soit 21 hommes par toise. Chaque homme portant trois pieux, on avait soixante-trois pieux par toise courante. La surface du camp était de 112.000 toises carrées, soit trois toises et demie par homme, en ne comptant que les deux tiers de l'effectif. Au travail, quatorze pionniers par toise courante fortifiaient le camp et le mettaient hors d'insulte, en trente minutes au plus[1]. »

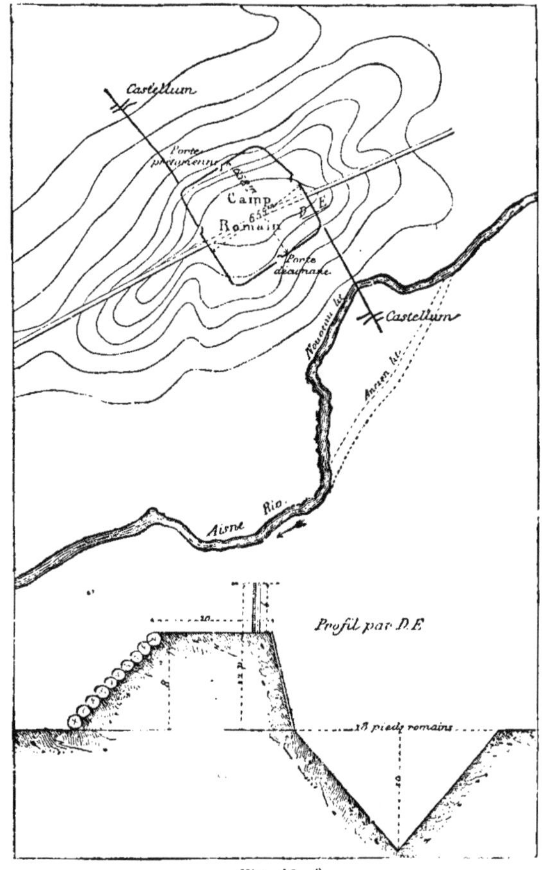

Fig. 43. [2]

[1] Napoléon Ier. *Précis des guerres de Jules César.*

[2] Atlas de l'*Histoire de Jules César.*

Quand on était en pays ami, l'enceinte du camp temporaire n'était, le plus souvent, qu'une *tranchée-abri* de trois pieds ($0^m,89$), bien gardée au loin par des patrouilles et par des rondes.

Sous les empereurs, il n'y avait plus que des citoyens, sujets de l'empire, ou des barbares auxiliaires. Ceux-ci étaient placés au centre et encadrés par les légionnaires, qui seuls étaient chargés de la garde du camp. Le quartier de l'empereur était entouré des prétoriens et des troupes d'élite.

Le rectangle se trouvait ainsi partagé en trois parties à peu près égales :

La *prétenture*, devant la porte prétorienne ;

Le *prétoire*, au centre du camp ;

La *rétenture*, près de la porte décumane.

« Pour lever le camp, au premier signal de la trompette, on détend les tentes, en commençant par celles du consul et des tribuns, et l'on plie bagage.

« Au second signal, on charge les bagages sur les bêtes de somme ; au troisième, l'avant-garde se met en marche et tout le camp la suit[1]. »

Avant de partir, « un héraut, placé à la droite du général, demande, à haute voix, si les troupes sont prêtes à combattre. Les soldats répondent qu'ils sont prêts ; souvent même, ils préviennent le héraut et témoignent leur ardeur, en poussant des cris et en levant les bras.

« Ils marchent ensuite en bon ordre, silencieusement

[1] Polybe, liv. IV.

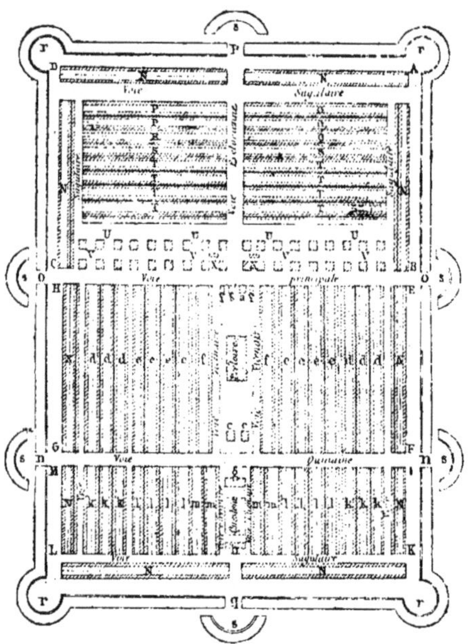

D'après Th. Duvotenay, géographe.

Fig. 44.

A B C D Prétenture.
E F G H Prétoire et son côté.
I K L M Réteuture. — *N* Légions.
O Explorateurs et vexillaires, sur 4 stries.
P Explorateurs et cohortes (1re, 2e, 3e, et 4e stries).
Q Fabrique des armes.
R Hôpital et vétérinaires.
S Troupes étrangères, cavalerie maure et pannonienne.
T Ailes militaires, chacune sur 5 stries.
U Scamnum ou camp des tribuns.
V Idem des légats.
X Scelæ ou fourriers.
Y Stations ou gardes de l'empereur.
a Auguratoire. *b* Tribunal. *c* Autels.
d Cohorte n° 1 vexillaires, aile quingenaire sur 6 stries.
e Cohortes prétoriennes, cavaliers prétoriens et singulaires sur 8 stries.
f Comites (comtes qui accompagnaient l'empereur).
g Légats étrangers.
h Butin.
k Cohorte péditée et troupes étrangères sur 6 stries.
l Cohorte équitée et troupes étrangères sur 8 stries.
m Stateurs ou gardes de l'empereur.
n Portes quintanes.
o Portes principales.
p Porte prétorienne.
q Porte décumane.
r Tours du vallum.
s Clavicules (demi-lunes).

sans jamais rompre les rangs, comme s'ils avaient l'ennemi devant eux[1]. »

TACTIQUE DE MARCHE.

L'avant-garde d'une armée consulaire est, le plus souvent, composée des extraordinaires et des vélites.

La tête du corps de bataille, *primum agmen*, est formée par l'aile droite des alliés. Derrière cette troupe, ses bagages, réunis à ceux de l'avant-garde.

Au centre, les deux légions romaines marchent, par manipule, sur dix hommes de front. Chaque légion est suivie de son bagage.

L'aile gauche des alliés, précédée de son bagage, forme la queue de la colonne, *extremum agmen*.

L'arrière-garde se compose de la cavalerie alliée.

La cavalerie légionnaire marche tantôt avec l'arrière-garde, tantôt avec les bagages; elle surveille les conducteurs, les prisonniers, le troupeau, et elle assure l'ordre dans le convoi.

Le convoi est partagé en divisions, comprenant chacune deux cents mulets avec leurs conducteurs. Ces divisions ont un signe de ralliement et un chef particulier choisi parmi les muletiers.

Quand l'arrière-garde est menacée, on lui envoie les *extraordinaires*, sans rien changer aux autres dispositions de l'ordre de marche.

1 Flavius Josèphe. *Histoire de la guerre des Juifs contre les Romains et de la ruine de Jérusalem.*

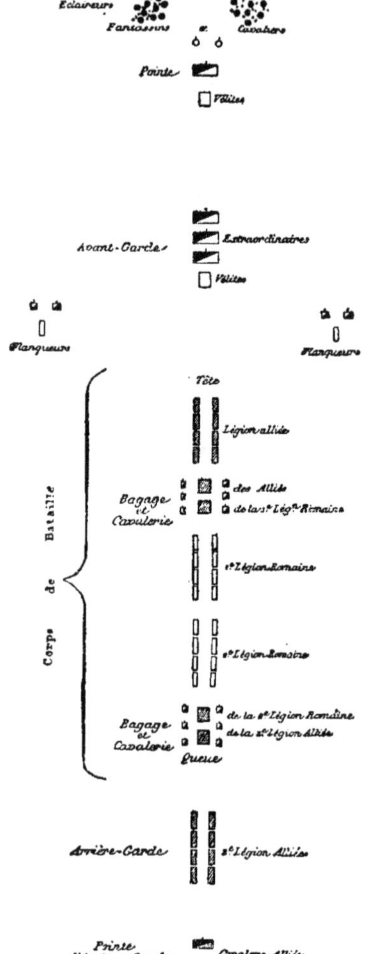

Eclaireurs
Fantassins
et
Cavaliers
Pointe
Vélites
Avant-Garde
Extraordinaires
Vélites
Flanqueurs
Flanqueurs
Tête
Légion alliée
Bagage et Cavalerie
des Alliés
Corps de Bataille
1re Légion Romaine
2e Légion Romaine
Bagage et Cavalerie
de la 2e Légion Romaine
de la 2e Légion Alliée
Queue
Arrière-Garde
2e Légion Alliée
Pointe d'Arrière-Garde
Cavalerie Alliée
Cavalerie Légionnaire

Fig. 45.

Les légions et les ailes alliées alternent, chaque jour, entre elles, pour prendre la tête ou la queue de la colonne. De cette manière, toutes les fractions de l'armée profitent également de l'eau et des vivres trouvés sur la route.

Si l'on marche en pays découvert, ou si l'on craint une attaque, les hastaires, les princes et les triaires marchent par manipules, *en trois colonnes*, à intervalles égaux. Chaque manipule est alors précédé de ses bagages.

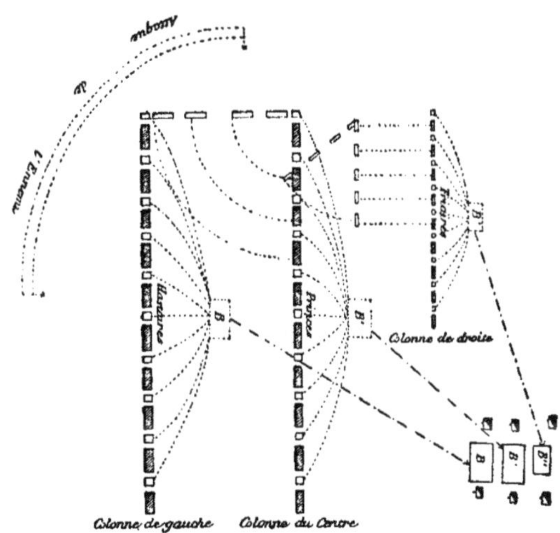

Cavalerie

P. Merle, *d'après un croquis de E. Hardy.*

Fig. 46.

Si l'ennemi se présente à droite ou à gauche, les manipules lui font face par un simple mouvement de flanc. L'action s'engage-t-elle sérieusement, les bagages, restés en arrière, sont réunis au point le plus sûr, loin des combattants (B, B', B'').

Plus près de l'ennemi, on forme quelquefois le *quadratum agmen*, combinaison de la marche en bataille et de la marche en colonne. Les troupes légères servent de flanqueurs. Une moitié des légions se déploie en tête et en queue, dans l'ordre de bataille, et l'autre moitié, formée en deux ou trois colonnes, entoure les bagages, placés au centre.

Fig. 47. [1]

L'étape moyenne est de sept lieues. On part à trois heures du matin, pour arriver vers dix heures. On a ainsi tout le temps d'établir et de fortifier le camp.

[1] Figure du *Dictionnaire des antiquités grecques et romaines*.

Marcher à l'ennemi sur une, deux ou trois colonnes, et vivre sur le pays, *en nourrissant la guerre par la guerre :* voilà donc toute la logistique des Romains.

Un pareil système rendait les opérations très-aventureuses, puisque le ravitaillement en vivres et en munitions n'était jamais assuré.

Aussi, quand les Romains furent devenus les maîtres d'une partie du monde, s'appliquèrent-ils à perfectionner les voies de communication et les moyens de faire vivre leurs armées en pays conquis.

FORMATIONS DE COMBAT.

« La tactique des Romains se résume dans le combat individuel, dans la succession des efforts, dans le remplacement méthodique des rangs et des lignes engagés [1]. »

Les légionnaires, placés à trois pieds les uns des autres, ont toute leur liberté d'allure pour lancer le pilum et pour manier l'épée. Quand le soldat du premier rang est fatigué, le suivant prend sa place. Celui-ci sait qu'il a derrière lui, pour lui venir en aide, pour le remplacer s'il est fatigué, pour le venger s'il succombe, ses huit frères d'armes de la décurie, *contubernales*, qui partagent ses travaux et ses dangers, depuis le commencement de la campagne.

[1] Colonel Ardent du Picq. *Sur la nécessité dans les choses de la guerre de connaître l'instrument premier, qui est l'homme.* Bulletin de la Réunion des officiers. Septembre et octobre 1876.

L'ORDRE MANIPULAIRE.

Comme le combat est une lutte corps à corps, le manipule de la première ligne partage les émotions et l'ardeur de son premier rang ; quelquefois aussi il se laisse gagner par la terreur et le découragement : mais les deux autres manipules de la cohorte, soutien et réserve du premier, sont échelonnés à distance, à l'abri des fluctuations du combat ; ils n'entendent pas l'acier pénétrer dans les chairs, ils ne voient pas le sang couler ; dans le bruit confus de la mêlée, ils ne distinguent ni les cris des blessés, ni le râle des mourants.

Fig. 48. [1]

Ils échappent ainsi aux entraînements de la première ligne, aux révoltes brutales de la nature humaine de-

[1] Gaulois. Figure du *Dictionnaire des antiquités grecques et romaines*

vant la mort, à cette loi charnelle de la peur, qui fait reculer la queue de la colonne quand la tête s'arrête, et qui la fait fuir quand elle recule.

Aussi, malgré quelques échecs partiels, les armées consulaires n'avaient encore à se reprocher que leur terreur devant l'attaque impétueuse des Gaulois (bataille de l'Allia et prise de Rome, 390 ans avant J.-C.), lorsque Annibal leur infligea, coup sur coup, les plus cruelles défaites.

C'est par l'ascendant moral que ce grand homme de guerre fut vainqueur à la Trébia et au lac Trasimène.

Chef de soldats aguerris, sur lesquels il pouvait compter, il sut, à la bataille de Cannes, diminuer la profondeur de sa formation, étendre sa ligne de bataille, et envelopper l'armée romaine.

Bataille de Cannes (217 avant J.-C.).

Deux consuls, Paul Émile et Terrentius Varron, alternaient pour le commandement de l'armée romaine, forte de 80.000 fantassins et de plus de 6.000 chevaux.

Paul Émile l'avait établie sur le bord de l'Ofento, au pied des montagnes, dans deux camps. Le plus grand, sur la rive gauche, contenait le corps de bataille ; l'avant-garde occupait le petit camp, sur la rive droite.

Annibal campait sur la rive gauche, avec 40.000 fantassins et 10.000 cavaliers. La grande plaine, qui s'ouvre sur la rive droite de l'Ofento, lui permettant de faire manœuvrer sa cavalerie, il voulait livrer une bataille décisive.

En conséquence, il passa la rivière et il déploya son armée.

« Mais Paul Émile n'accepta pas le défi. Jugeant le terrain désavantageux et prévoyant que la disette des vivres obligerait bientôt Annibal à décamper, il resta immobile et se contenta de bien faire garder ses deux camps[1]. »

Annibal laissa quelque temps son armée en bataille, puis il la fit rentrer dans ses retranchements. Mais il lança ses Numides contre les détachements romains, qui descendaient du petit camp à la rivière pour prendre de l'eau. Cette cavalerie, poussant jusqu'au vallum, coupa aux Romains le chemin de l'Ofento.

Varron, ayant entendu les légionnaires murmurer contre Paul Émile, promit de faire mieux que son collègue.

« En prenant le commandement, le lendemain à la pointe du jour, il fit porter, devant lui, les faisceaux des licteurs et il ordonna aux troupes de sortir, à la fois, des deux camps. Il rangea en bataille celles du grand, à mesure qu'elles traversaient la rivière. Celles du petit vinrent le rejoindre et prendre leur alignement, face au midi.

[1] Polybe, liv. III.

« Il plaça les 3.400 chevaux de la cavalerie romaine à l'aile droite, sur le bord de l'Ofento (*C R*). Il mit au centre les huit légions dans leur ordre manipulaire, sur seize hommes de profondeur et dix de front, mais il fit resserrer les intervalles.

« La cavalerie des alliés forma l'aile gauche (*C A*).

« Paul Émile commandait l'aile droite, Varron l'aile gauche. Les deux consuls de l'année précédente étaient au centre.

« En avant du front des légions, 22.000 hommes de troupes légères se préparaient à engager l'action. »

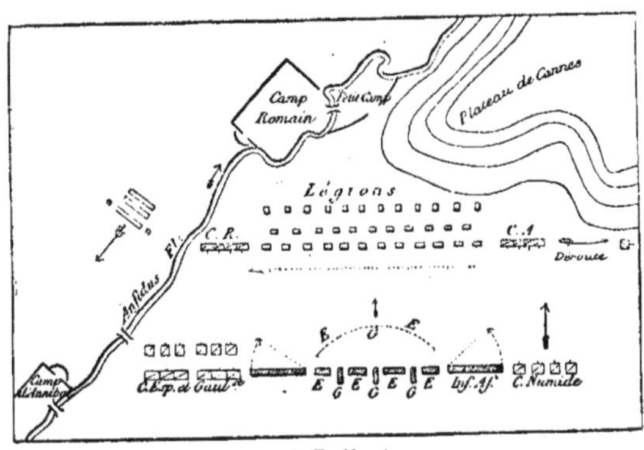

P. Merle, *d'après un croquis de E. Hardy.*

Fig. 49.

Annibal, en même temps, avait fait passer l'Ofento aux frondeurs et aux troupes légères et il les avait déployés devant les Romains, pendant que le reste de son armée franchissait la rivière en deux endroits.

Il opposa la cavalerie espagnole et gauloise, commandée par Asdrubal, à la cavalerie romaine; puis il forma, sur une seule ligne, face au nord : 1° une moitié de l'infanterie africaine, qu'il avait armée avec les boucliers et les cuirasses des légionnaires tués dans les batailles précédentes ; 2° l'infanterie espagnole et gauloise et l'autre moitié des Africains.

A l'aile droite, il plaça la cavalerie numide, sous Hannon.

Ses troupes rangées, Annibal marcha à l'ennemi, à la tête de l'infanterie espagnole et gauloise (*E G*). Celle-ci, détachée du centre, prit la forme d'un croissant convexe (*E G E*), relié par les pointes à l'infanterie africaine, chargée de soutenir l'attaque.

Les Espagnols et les Gaulois avaient le même bouclier, mais leurs épées étaient différentes. Celle des Espagnols frappait d'estoc et de taille; celle des Gaulois, plus longue, ne frappait que de taille et à distance.

P. Merle, *d'après le modèle du musée de Mayence.*

Fig. 50.

« Espagnols et Gaulois étaient rangés alternativement par cohortes : les Gaulois nus, les Espagnols couverts de chemises de pourpre. Ce spectacle nouveau pour les Romains les impressionna ; ils eurent peur. »

L'action commence par les troupes légères qui, *comme à l'ordinaire*, se mettent mutuellement en fuite ; puis la cavalerie d'Asdrubal attaque la cavalerie romaine.

« Les chevaliers se battaient avec furie, plutôt en Barbares qu'en Romains, *car ce ne fut pas tantôt en reculant, tantôt en revenant à la charge, selon les lois de la tactique.* A peine furent-ils à portée, qu'ils descendirent de cheval et chacun choisit un adversaire. La cavalerie espagnole et gauloise eut le dessus. La plupart des Romains furent tués ; le reste fut poursuivi le long de la rivière, sans pouvoir obtenir quartier[1]. »

Les légions remplacent les vélites et attaquent le centre d'Annibal. Les Gaulois, qui sont plus en avant, sont enfoncés les premiers ; le croissant est ouvert. Gaulois et Espagnols reculent fièrement, à petits pas. Les Romains poursuivent et viennent donner, à droite et à gauche, dans les Africains pesamment armés. C'est ce qu'Annibal avait prévu.

A son signal, les Africains conversent, en pivotant sur leur aile intérieure, et ils prennent les Romains en flanc.

En même temps, la cavalerie numide, renforcée de la cavalerie victorieuse d'Asdrubal, met en fuite la cavalerie alliée, de l'aile gauche romaine.

Asdrubal envoie les Numides à la poursuite des fuyards, puis, avec les escadrons gaulois et espagnols

[1] Polybe.

en ordre compacte, il vient prendre à dos la troisième ligne de l'infanterie romaine. Cette infanterie, resserrée par les fluctuations du combat, se croit déjà victorieuse, parce qu'elle a enfoncé le centre ennemi, lorsqu'elle entend tout à coup des clameurs menaçantes sur ses flancs et sur ses derrières.

« Les premiers rangs fatigués veulent se retirer; mais les Triaires, attaqués par la cavalerie d'Asdrubal, font face en arrière. Les deux côtés opposés de ce vaste carré sont rejetés l'un sur l'autre; les légionnaires se heurtent, se mêlent, les armes leur tombent des mains et ils se laissent égorger. »

Le désastre est immense : 70.000 Romains restent sur le terrain. Paul Emile, sa cavalerie détruite, est venu mourir dans les rangs des légions.

Le détachement de 10.000 hommes, envoyé à l'attaque du camp d'Annibal, met bas les armes sans combat; 70 chevaliers romains et 300 cavaliers alliés s'échappent avec Varron. Tout le reste est tué ou pris.

Annibal n'a perdu que 1.500 Espagnols ou Africains et 200 chevaux, mais les Gaulois ont supporté tout l'effort des légions et 4.000 ont succombé. Ce sang versé par nos aïeux, sous les enseignes d'Annibal, pourrait nous permettre de considérer la journée de Cannes comme une de nos premières victoires nationales.

L'énorme disproportion, entre les pertes du vainqueur et celles du vaincu, prouve, une fois de plus, que la victoire dépend du premier rang.

Celui-là détruit, les autres tournent le dos, s'embarrassent mutuellement dans leur fuite et tombent, pêle-mêle, sous les traits des troupes légères ou sous les longues lances de la cavalerie qui n'a d'autre mission, dans la poursuite, que de ralentir la marche des fuyards, afin de laisser à l'infanterie le temps de les atteindre.

Le soldat vainqueur s'enivre de sang ; il égorge tout ce qui est à portée de son épée, sans pitié, comme il aurait été égorgé lui-même, s'il avait tourné le dos.

C'est la loi de la guerre chez les anciens.

CAVALERIE ROMAINE.

De l'étude de cette bataille, le colonel Ardent du Pic[1] a tiré les déductions suivantes :

« D'ordinaire, la cavalerie romaine se lance au galop sur la cavalerie ennemie, et s'arrête à bonne portée pour lancer le javelot; puis, si l'ennemi ne s'est pas enfui, elle fait demi-tour, se rallie et recommence, jusqu'à ce que l'une des deux cavaleries, craignant d'être abordée, ait tourné bride.

« A Cannes, c'est plus sérieux; les cavaliers s'abordent, ils sautent à terre pour ne pas rester à cheval, embarrassés par un bouclier, une lance et une épée, et plus exposés qu'à pied. »

[1] *Sur la nécessité, dans les choses de la guerre, de connaître l'instrument premier, qui est l'homme* (Bulletin de la Réunion des officiers. Septembre et octobre 1876).

Les chevaliers romains ont compris qu'ils devaient donner l'exemple aux fantassins plébéiens, et ils se sont fait tuer jusqu'au dernier, pour sauver, au moins, l'honneur de la patrie.

UNITÉ D'ARMEMENT.

Marius avait détruit l'autonomie de la légion, en y admettant les prolétaires (106 avant J.-C.).

Pour compenser l'infériorité du recrutement, il porta l'effectif à 6.000 hommes. Il donna à tous les soldats le même costume et le même équipement, c'est-à-dire : un casque de fer, surmonté d'un anneau (pour qu'on pût, dans les marches, le porter à la ceinture), et orné de

TH. DÉNAZET

Fig. 51.

deux larges jugulaires couvrant les joues ; une épée

suspendue du côté droit par un mince baudrier de cuir; le pilum dans la main droite; le bouclier rectangulaire au bras gauche; une cuirasse formée de plaques de fer flexibles et superposées; des sandales de cuir à fortes semelles, armées de gros clous [1].

A cette époque, le pilum a subi une importante transformation : l'un des deux rivets, qui fixent le fer à la hampe, est en bois et se rompt dans le choc. Le fer alors bascule autour de la cheville restante comme une lame de couteau qui se rabattrait sur son manche. Le pilum, ainsi recourbé, embarrasse l'ennemi blessé et ne peut plus être lancé contre les Romains.

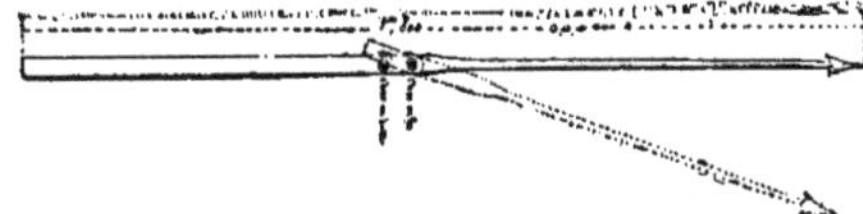

Fig. 52.

L'ORDRE EN COHORTES.

Marius réunit les trois manipules de la cohorte en une seule unité de combat, qui eut de 30 à 60 hommes de front sur 10 de profondeur : 4 rangs de hastaires, 4 de princes et 2 de triaires; au maximum 600 combattants.

[1] La figure 51 est la reproduction du modèle que M. Bertrand a fait armer et équiper, au musée de Saint-Germain, d'après les textes, les monuments et les tombeaux romains, et surtout d'après les armes retrouvées à Alise.

C'était le bataillon moderne.

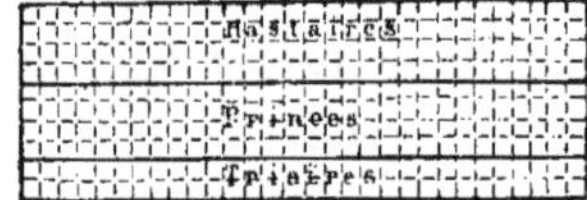

Fig. 53.

Marius conserva 10 cohortes dans la légion et les disposa tantôt sur trois lignes, tantôt sur deux, quand il était obligé d'étendre son front.

La première cohorte devint la plus importante et la plus nombreuse de la légion ; elle contint 10 centuries au lieu de 6 : ce qui porta à 64 le nombre des centuries de la légion. Le peloton des garde-enseignes marchait en avant du premier rang.

Th. Bénazet.

Fig. 54.

Les 5 enseignes légionnaires furent remplacées par une seule aigle d'or ou d'argent. La centurie prit le *signum* du manipule, dont on ne parla plus, et le *vexillum* devint le fanion des cohortes indépendantes, formées avec des centuries de provenances diverses [1].

[1] L'empereur Adrien donna à la centurie le vexillum de la cohorte

L'invasion des Cimbres et des Teutons.

La nouvelle organisation militaire de la République romaine eut une terrible épreuve à supporter.

L'an 105 avant J.-C., les Cimbres et les Teutons venus des bords de la Baltique, avaient traversé l'Helvétie et la Belgique, ravagé la Gaule centrale, attaqué la Narbonnaise et détruit, sur les bords du Rhône, une armée romaine de 80.000 hommes.

Ils avaient, d'après un vœu solennel, anéanti tout ce qu'ils avaient pris, égorgeant 40.000 esclaves ou valets d'armée (*calones*). Les prisonniers romains avaient été pendus, les chevaux noyés, l'or et l'argent jetés dans le Rhône, les armes brisées.

Après une incursion en Espagne, ils avaient envahi l'Italie de deux côtés : les Cimbres par l'Helvétie et la Norique; les Teutons, grossis des Helvètes, par les Alpes maritimes (102 avant J.-C.). Cette deuxième armée défila pendant six jours, avec ses chariots, devant le camp retranché que Marius avait construit à Arles, au croisement des deux voies romaines conduisant en Italie, par les Alpes et le littoral de la Ligurie.

Si nous doutions de la communauté d'origine de ces

et à celle-ci, comme à l'escadron, un dragon, gueule béante, porté au bout d'une pique. Sous cette tête, de longues flammes flottaient au vent et s'agitaient comme des ailes.

Ces dragons servaient encore d'enseignes, au moyen âge.

Teutons avec les Franks, qui sont aussi nos ancêtres, nous en retrouverions la preuve dans les provocations et les plaisanteries[1] qu'ils lançaient, au passage, aux légionnaires, immobiles derrière le vallum.

Marius suivit à petites journées ces bandes redoutables, et prit une forte position, sur une colline, au bord de la rivière d'Arc, près d'Aquæ Sextiæ (Aix).

VICTOIRES DE MARIUS (102-101 avant J.-C.).

Les Teutons marchèrent contre les Romains, au bruit de leurs épées de fer, frappées en cadence, en répétant alternativement : « Kymris! Kymris ! » et le cri de guerre : Ambra !

Les Ligures, auxiliaires des Romains, enfants de la même race que les Cimbres, criaient comme eux :

« Ambra ! Ambra ! »

Les Helvètes culbutés abandonnèrent leur camp; mais leurs femmes se rangèrent devant les chariots pour défendre leurs enfants et leurs richesses et elles arrêtèrent la poursuite des Romains.

La nuit venue, Marius regagna la colline où il avait établi son camp, et les femmes helvètes conduisirent les chariots au bivouac des Teutons.

Le troisième jour, Marius, averti par ses éclaireurs qu'il y avait, derrière la position ennemie, un large

1 Florus nous les a conservées. Entre autres saillies, les Barbares

ravin, masqué par un bois épais, y embusqua 3.000 soldats d'élite, sous Marcellus.

La cavalerie romaine alla provoquer les Teutons. Ceux-ci sortirent de leur camp, passèrent la rivière d'Arc et attaquèrent le camp retranché de Marius.

Leur arrière-garde, assaillie à l'improviste par Marcellus, jeta la confusion dans le corps de bataille. La panique s'empara des barbares, et les Romains en égorgèrent 100.000.

Restaient les Cimbres, c'est-à-dire les Kymris.

Marius les rejoignit à Verceil, sur la Sésia, le 30 juillet de l'an 101 avant J.-C.

Comme les Grecs, les Kymris croyaient à la force d'impulsion de la masse compacte et profonde. Ils accumulèrent les rangs les uns derrière les autres, et les guerriers s'attachèrent entre eux, avec des chaînes de fer, fixées à leurs baudriers.

Leurs 15.000 cavaliers portaient des casques, dont les cimiers, surmontés d'ailes gigantesques, figuraient des animaux fantastiques. Le reste de leur armement se composait d'une cuirasse de fer, d'un grand bouclier, d'une longue et lourde épée de taille et d'un épieu à deux pointes.

Cette cavalerie engagea l'action, en tournant l'aile gauche des Romains.

Les légions du centre poussèrent en avant.

demandent aux légionnaires s'ils ont des commissions pour leurs femmes « *Si quid ad uxores suas mandarent* ».

L'infanterie barbare essaya alors de les envelopper, mais elle avait le soleil dans les yeux. Aveuglée par la poussière, épuisée par la fatigue du combat, elle tourna le dos, comme les Teutons,... et l'égorgement recommença.

Les femmes, encore, défendirent le camp ; puis elles s'entretuèrent pour échapper aux vainqueurs.

En pénétrant dans l'enceinte des chariots, les Romains eurent encore à compter avec l'équipage de chasse des chefs kymris. Il fallut livrer bataille aux chiens à sanglier et les tuer à coups de flèches.

MATÉRIEL DE LA LÉGION.

« La légion traînait à sa suite un équipage de pont de bateaux, diverses machines de siége et un approvisionnement d'outils de toute espèce. »

Ce matériel était acheté à l'industrie et livré aux troupes. L'entretien en était surveillé par un officier, relevant directement du légat ou du préfet de la légion et appelé, sous les empereurs, *præfectus castrorum.*

C'était le *major du camp.*

L'emploi se donnait à un officier de mérite « qui avait servi d'une manière distinguée, pendant de longues années, afin qu'il n'enseignât que des choses qu'il avait pratiquées [1]. »

Cet officier avait dans ses attributions :

Le tracé, l'exécution et le paiement des ouvrages du camp et des retranchements ;

[1] Végèce.

L'inspection des tentes ou baraques des soldats et la surveillance des bagages.

« Son autorité s'étendait sur les médecins de la légion, sur les malades et sur leurs dépenses. Il dépendait de lui qu'on ne manquât jamais de chariots, de chevaux de bât, ni des outils nécessaires pour scier ou couper le bois, creuser le fossé, élever les palissades et se procurer de l'eau.

« Il était chargé de faire distribuer le bois et la paille à la légion, de l'entretenir de béliers, d'onagres, de balistes et de toutes les autres machines de guerre (catapultes, scorpions, etc.)[1]. »

MACHINES DE GUERRE.

L'arc de Septime-Sévère nous montre comment on employait le bélier à bras (203 de l'ère chrétienne).

PELISSE.

Fig. 55.

[1] De Rochas-d'Aiglun, capitaine du génie, *De l'organisation des armes spéciales chez les Romains.*

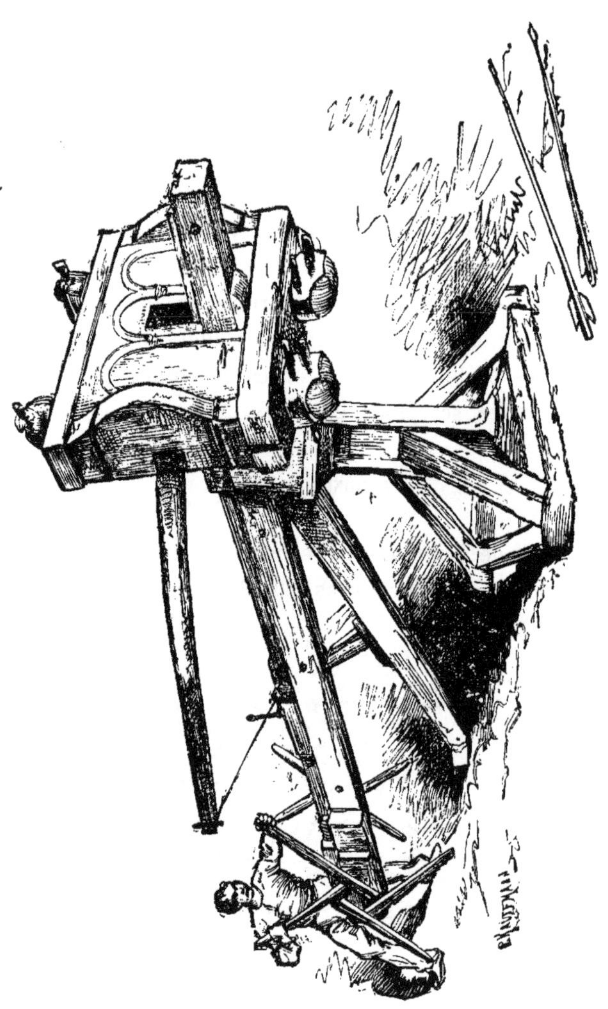

Fig. 56.

« Vitruve parle de trois machines propres à l'attaque : les catapultes, les scorpions et les balistes.

« Les catapultes et les balistes projetaient des dards d'une grande longueur et d'un poids assez considérable. C'est la dimension du projectile qui donne celle de l'engin.

« Le propulseur consistait en des ressorts de bois tendus au moyen de cordes et de treuils.

« Végèce parle des balistes, des onagres, des scorpions, des arcs-balistes, mais ses descriptions sont d'un laconisme tel, qu'on ne peut en rien tirer de concluant. Nous savons seulement, par lui, que la baliste était tendue au moyen de cordes ou de nerfs ; que le scorpion était une baliste de petite dimension, une sorte d'arbalète (*scorpiones dicebant quas nunc manubalistas vocant*) ;

« Que l'onagre lançait des pierres, et que la force des nerfs devait être calculée en raison du poids des projectiles.

« D'après Ammien Marcellin, la baliste, employée au quatrième siècle de notre ère, est une sorte de grande arbalète, dont le projectile est lancé par la force de réaction de plusieurs cordes à boyau tordues[1] (Fig. 56).

« Le scorpion, qu'on appelle alors *onagre* ou *tormen-*

[1] M. Aug. Marc, directeur du journal l'*Illustration*, a bien voulu nous permettre de reproduire les figures 56 et 57, publiées dans le numéro du 21 août 1875; elles représentent les machines construites par le général de Reffye, sur l'ordre de l'Empereur, et expérimentées en 1875, dans la forêt de Saint-Germain, devant les membres du congrès géographique.

Fig. 57.

tum, est un engin composé d'un style, dont le pied est tortillé entre des cordes, tendues comme la clef d'une scie. Au style est attachée une fronde ; on y met un boulet que le style, en décliquant, envoie en bombe[1]. »

TRAVAUX DE CAMPAGNE.

Quand il s'agissait de travaux de siége ou de fortification, on avait recours au *præfectus fabrum*.

Il faisait établir les camps d'hiver, et dirigeait toutes les constructions militaires. C'était le commandant en chef du génie de l'armée [2].

« Sous la République, il avait sous ses ordres, non-seulement les centuries d'ouvriers, mais encore tous les soldats de la légion. »

L'exemption de corvées, qui n'était d'abord accordée qu'aux chevaliers, s'étendit peu à peu au dernier des soldats d'élite, *principales*. Sous l'empire, les cor-

1 Viollet-le-Duc. *Dictionnaire raisonné de l'architecture française du XIe au XVIe siècle* (tome V). Paris. A. Morel, 1868.

2 Conclusions du capitaine de Rochas-d'Aiglun :

« 1° A la tête de la légion, un préfet commande à la fois, d'une façon directe et constante, aux tribuns chefs des cohortes combattantes et aux préfets particuliers du camp et des ouvriers ;

« 2° Le préfet du camp exerce sa surveillance sur tout le matériel de la légion ;

« 3° Le préfet des ouvriers fait fabriquer les engins et les armes de toutes sortes ; il dirige tout ce qui est œuvre d'art ;

« 4° Les corps de troupes sont exercés au maniement de toutes les armes, y compris celui des grosses machines de jet, et ils sont employés aux travaux de siége, sous la conduite de quelques hommes spéciaux ».

vées ne furent plus imposées qu'à une seule classe de soldats infimes, *munifices*.

« Ceux-là, écrit l'historien Josèphe, en outre du pilum et d'un long bouclier, portent, dans une espèce de hotte, une scie, une serpe, une hache, une pince, une faucille, une chaîne (pour garrotter les prisonniers), des longes de cuir et du pain pour trois jours; de sorte qu'il s'en faut de bien peu qu'ils ne ressemblent à des bêtes de somme. »

CHAPITRE VII

LA GUERRE DES GAULES

SOMMAIRE.

Le patriotisme gaulois. — Les Helvètes. — Bataille d'Autun. — Les Germains d'Arioviste. — Passage du Rhin. — Confins et quartiers permanents. — Expédition en Grande-Bretagne. — Ambiorix. — Vercingétorix. — Le siége d'Alésia.

LE PATRIOTISME GAULOIS.

Les *Commentaires de César*, en retraçant froidement et avec une certaine impartialité la conquête des Gaules, nous permettent d'admirer les grands efforts que fit un peuple fier, impressionnable et généreux, pour repousser le joug du conquérant.

Il n'est pas de lecture plus instructive.

Dans ces immenses forêts, dans ces cités rivales, mal reliées entre elles, parmi ces peuples longtemps ennemis, l'approche des Romains a réveillé l'amour de la patrie et de l'indépendance.

A la nouvelle de l'invasion, les querelles de voisinage ont été oubliées ; les chefs se sont donné la main et tous les guerriers sont venus se ranger sous l'étendard du plus digne.

Cependant la science de la guerre, la tactique romaine l'emportent : César et ses vétérans sont vainqueurs.

TH. BÉNAZET.

Fig. 58. [1]

Alors, on évite César pour assaillir ses lieutenants [2]; on coupe les convois romains, on brûle les villes qui se sont lâchement déclarées pour l'étranger, et quand les divisions politiques, quand les fautes militaires, quand la légèreté inconsciente de ces héros indisciplinés, rendent la résistance impossible, un suprême effort est tenté !

[1] Le sanglier est, depuis la plus haute antiquité, l'emblème de la nationalité gauloise. On a retrouvé de nombreux sangliers de bronze, d'or et d'argent, servant d'enseignes aux bandes gauloises. Le musée de Saint-Germain en possède plusieurs.

[2] Ce sera la méthode des alliés pendant la campagne de 1813.

Tout ce qui reste de généreux dans les Gaules ravagées et vaincues vient se grouper autour de Vercingétorix.

Pour réduire Alésia, dernier rempart de l'indépendance, il faut l'affamer ; César entreprend des travaux inouïs, et, cette fois encore, l'art triomphe du désespoir.

Quand la faim a arraché les derniers cris de douleur à ce peuple qui s'est donné à lui, Vercingétorix, couvert de sa plus brillante armure, vient jeter son épée aux pieds de César.

TH. BÉNAZET, *d'après Fremyet.*

Fig. 59.

C'en est fait de l'indépendance de la Gaule; mais,

pour venger le Capitole de l'insulte du Brenn, il a fallu aux Romains 338 ans!

LES HELVÈTES.

400.000 Helvètes, des environs d'Embrun, de Zurich et du lac Léman, se mirent en route, l'an 58 avant J.-C., pour aller s'établir sur les rives de l'Océan.

Ces émigrants, en passant entre la Loire et la Saône, ravagèrent le territoire des Éduens, et les Éduens appelèrent César à leur secours.

Ce fut là le prétexte de l'intervention romaine et de la conquête des Gaules.

César accourut de la Province, avec six légions, pour livrer bataille aux Helvètes.

« Averti par les coureurs que les trois-quarts de l'armée ennemie avaient déjà traversé la Saône (*entre Trévoux et Villefranche*) sur des radeaux, ou des nacelles liées ensemble, et que l'autre quart était encore sur la rive gauche, César partit, vers la troisième veille (minuit), avec trois légions. Il marcha avec tant de diligence et de secret, qu'il surprit et tua la plus grande partie des retardataires. Le reste se réfugia dans les forêts voisines.

« Le combat fini, César fit jeter un pont sur la Saône, afin de poursuivre l'ennemi.

« Il lança contre lui toute sa cavalerie, 4.000 hommes, qu'il avait recrutés tant dans la province que chez les Éduens et leurs alliés.

« Cette cavalerie, trop ardente à poursuivre l'ennemi, fut contrainte de combattre dans un lieu désavantageux, et elle se retira avec perte.

« Les Helvètes, encouragés par un avantage qu'ils avaient remporté avec 500 chevaux, s'enhardirent à s'arrêter plus souvent et à faire escarmoucher quelquefois leur arrière-garde contre les Romains.

« César ne permit pas à ses troupes d'en venir aux mains avec l'ennemi; il se contenta d'empêcher les courses et les ravages des Helvètes.

« Ceux-ci marchèrent environ quinze jours, en maintenant leur arrière-garde à cinq ou six milles (de 7.500 à 8.900 mètres) de notre avant-garde.

« César, en apprenant par ses coureurs que les Helvètes sont campés au pied d'une montagne, à huit milles (12 kilomètres) de son camp, *envoie reconnaître la position ennemie*, et recommande aux éclaireurs de bien examiner les alentours, la nature et l'inclinaison du terrain.

« Sur le rapport qu'on lui fait, il détache, vers la troisième veille, T. Labiénus avec deux légions, *en lui donnant pour guides les cavaliers qui ont fait la reconnaissance.*

« Il instruit Labiénus de son dessein, et lui ordonne de gagner le sommet de la montagne, en évitant surtout de se laisser voir.

« Deux heures après, César se met en marche, par le chemin que les ennemis ont suivi; il envoie en avant toute sa cavalerie, précédée de troupes légères.

« Au point du jour, Labiénus était déjà établi au sommet de la montagne.

« César s'était avancé jusqu'à 1.500 pas des ennemis, sans qu'ils eussent connaissance ni de son mouvement, ni de celui de Labiénus, lorsqu'un faux avis du commandant des troupes légères (qui avait pris les soldats de Labiénus pour des Helvètes), arrêta le mouvement combiné et retarda la bataille.

« Le jour de la distribution du blé approchait et l'on n'était qu'à dix-huit milles (26ᵏ600ᵐ) de Bibracte (Autun), la ville la plus grande et la mieux approvisionnée des Éduens.

« César résolut de s'en approcher pour assurer les vivres.

« Les Helvètes, en apprenant, par des transfuges de la cavalerie gauloise, notre marche sur Bibracte, crurent que c'était la crainte qui nous faisait reculer. Ils rebroussèrent chemin, afin de nous couper les vivres, et ils se mirent à poursuivre et à harceler notre arrière-garde. »

Bataille d'Autun (58 avant J.-C.).

César s'arrête, porte en avant toute sa cavalerie et échelonne son infanterie sur une hauteur :

A mi-côte, quatre légions de vétérans, sur trois lignes; au sommet, deux légions de nouvelles recrues, gardant le bagage, placé dans une enceinte retranchée.

« Les Helvètes, qui l'avaient suivi avec tous leurs chariots, rassemblent aussi leur bagage, et, après avoir repoussé la cavalerie romaine, ils montent, en ordre serré, à l'attaque de notre première ligne.

« César comprend qu'il faut vaincre ou mourir. Pour ôter à ses soldats toute pensée de retraite et pour partager le péril avec eux, il renvoie tous les chevaux, sans excepter le sien; puis, après avoir exhorté les troupes à faire leur devoir, il engage l'action.

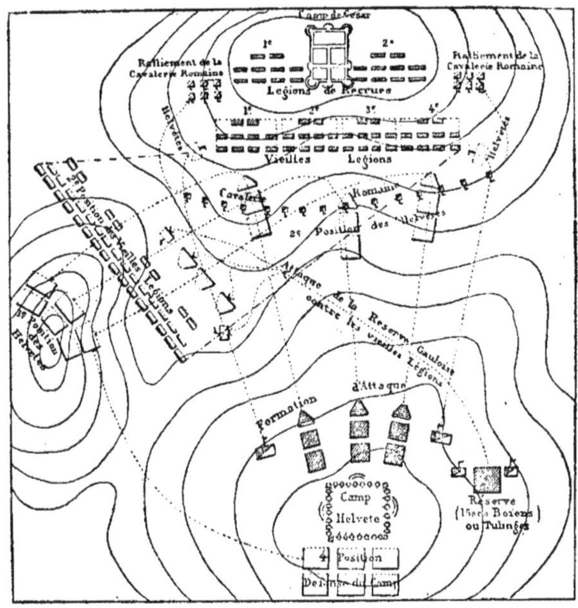

P. Merle, *d'après un croquis de E. Hardy.*

Fig. 60.

« Les légions placées sur la crête rompent facilement les rangs des ennemis avec le pilum, et se précipitent au milieu d'eux l'épée à la main.

« Les Helvètes, dont les boucliers transpercés sont cloués ensemble, *parce que la pointe des pilums s'est repliée sans qu'on ait pu l'arracher*, secouent le bras pour se débarrasser de leurs boucliers, aimant mieux combattre la poitrine découverte qu'ainsi gênés. Mais alors, criblés de coups, ils lâchent pied et reculent vers une colline, située à mille pas. »

Les Romains les poursuivent ; mais, pendant l'escalade, un corps de réserve, de 15.000 Boïens et Tulinges[1], débouche sur le flanc des vieilles légions et s'efforce de les tourner.

Les Helvètes, parvenus au sommet de la colline, voient cette manœuvre, redescendent au plus vite et renouvellent le combat de leur côté ; de sorte que *les légions sont obligées de faire face, à la fois, par les deux premières lignes, contre ceux qu'ils poursuivent et, par la troisième, contre les corps qui les ont enveloppées*[2].

Le combat fut longtemps opiniâtre et douteux ; enfin les Helvètes, ne pouvant soutenir l'attaque des Romains, se retirent, les uns vers la colline, où ils s'étaient repliés d'abord, les autres vers leurs bagages et leurs chariots.

« Pendant toute la bataille, qui dura depuis une heure jusqu'à la nuit, on ne vit jamais l'ennemi tourner le dos.

« On combattit même aux bagages, pendant une par-

[1] Boïens, *entre la Loire et l'Allier* ; Tulinges, *Badois.*

[2] C'est la manœuvre qui a si mal réussi à Cannes ; mais ici les manipules sont remplacés par des cohortes plus compactes.

tie de la nuit, parce que les Helvètes s'étaient fait un rempart de leurs chariots, du haut desquels ils lançaient des traits. D'autres, à travers les roues, frappaient nos gens à coups de pique et de javeline. »

Les Helvètes, réduits à 130.000 hommes, firent en bon ordre leur retraite vers le Nord.

César, obligé de séjourner sur le champ de bataille pour relever les blessés et enterrer les morts, n'avait pas pu les poursuivre[1].

LES GERMAINS D'ARIOVISTE.

Les Helvètes vaincus, César tourne ses coups contre Arioviste, qui a passé le Rhin avec 120.000 Suèves.

Pendant cinq jours de suite, César fait sortir son armée de son camp et la range en bataille ; mais Arioviste reste dans son enceinte de chariots et se contente de faire escarmoucher sa cavalerie.

« Les Germains entendaient très-bien cette manière de combattre ; ils avaient un corps de 6.000 chevaux et d'autant d'hommes de pied, les plus lestes et les plus braves de toute l'armée. Chaque cavalier choisissait dans la bande un fantassin, pour sa sûreté personnelle, et ces deux compagnons allaient toujours ensemble au combat.

[1] On trouva dans le camp des Helvètes des registres écrits en grec, où étaient nominativement inscrits ceux qui, au départ, étaient en état de porter les armes, les femmes, les enfants et les vieillards. Sur 368.000 personnes, il y avait 92.000 guerriers.

« Là, les cavaliers se ralliaient aux fantassins ; ceux-ci accouraient, à leur tour, s'ils voyaient les cavaliers trop pressés.

« Fallait-il faire une longue marche ou une prompte retraite ? Les gens de pied étaient si bien formés par de fréquents exercices, qu'ils suivaient les chevaux à la course, en se tenant, d'une main, à la crinière.

« Arioviste sortit enfin de son camp et rangea ses Suèves, par nations, en sept colonnes profondes, entourées chacune d'une enceinte d'équipages et de chariots, d'où les femmes échevelées, tendant les bras, exhortaient les guerriers à ne pas les livrer aux Romains. »

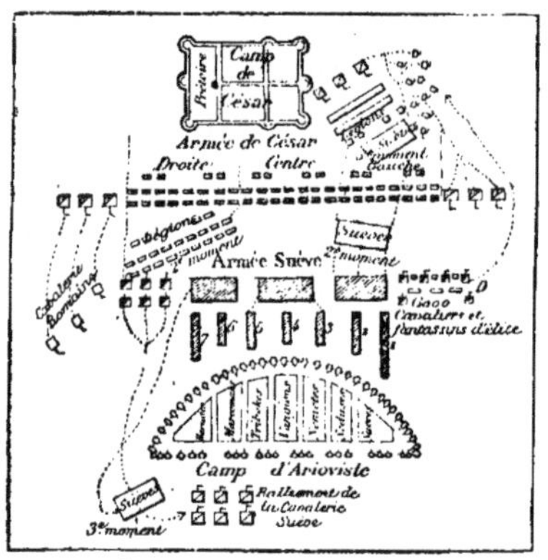

P. MERLE, *d'après un croquis de E. Hardy.*

Fig. 61.

Les légions, au signal de l'attaque, marchèrent

contre les Germains, qui, de leur côté, s'avançaient si promptement, qu'on n'eut pas le temps de lancer le pilum ; on le laissa pour mettre l'épée à la main.

Les Germains, selon leur coutume, se formèrent rapidement en phalange; mais les légionnaires étaient si ardents au combat, qu'on en vit plusieurs sauter sur la phalange, et écarter les boucliers avec la main gauche, pour frapper les barbares à la gorge.

L'aile gauche des Germains fut rompue par l'aile droite romaine, conduite par César, mais la gauche des Romains plia devant l'aile droite germaine et il fallut que la troisième ligne vînt rétablir le combat.

Arioviste vaincu eut grand'peine à repasser le Rhin.

César apprit d'Arioviste à combiner l'infanterie avec la cavalerie légère.

Plus tard, en Espagne, pour suppléer à l'infériorité numérique de sa cavalerie, il choisit quatre cents jeunes gens des plus alertes, parmi ceux qui marchaient en avant des enseignes, et il les habitua, par des exercices quotidiens, à combattre entre ses cavaliers. Il obtint ce résultat, qu'à Pharsale, ses mille cavaliers, ainsi soutenus, osèrent, en rase campagne, tenir tête aux 7.000 cavaliers de Pompée.

PASSAGE DU RHIN (55 avant J.-C.).

Trois ans après la défaite d'Arioviste, César voulut prouver aux Sicambres que « l'Empire des Romains n'avait pas, comme ils le prétendaient, le Rhin pour limite, » et il fit franchir ce fleuve à ses légions.

Il choisit le point de passage près de Wesel (Aliso), au confluent de la Lippe.

Cette grande opération tactique mérite d'être racontée en détail.

« César fit joindre ensemble, à deux pieds (0m,59) de distance, deux pilots taillés en pointe, d'un pied et demi (0m,44) d'équarrissage et d'une longueur proportionnée à la profondeur du fleuve. Il les fit ensuite descendre dans l'eau avec des machines. On les enfonça, à coup de mouton, en les inclinant un peu dans le sens du courant.

« Vis-à-vis et à 40 pieds (12m) de distance, en descendant le fleuve, on en plaça deux autres, joints ensemble de la même manière ; on leur donna une inclinaison opposée au courant (Fig. 63). »

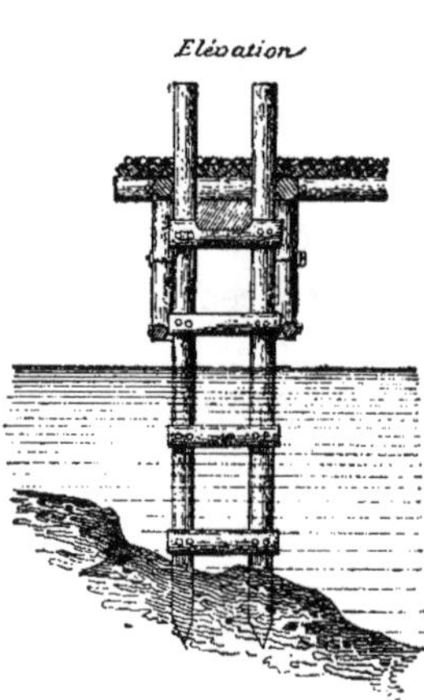

Fig. 62.

Sur ces 4 pilots ainsi placés, César fit mettre une seule poutre de 2 pieds d'équarrissage (0m,59), qui s'enclavait dans l'intervalle, et qui était attachée et contenue, des deux côtés, par des chevilles de fer, opposées l'une à l'autre (Fig. 62).

De cette manière, plus les eaux avaient de violence, plus les poutres étaient resserrées et plus l'ouvrage était solide.

On disposa, dans toute la largeur du fleuve, d'autres

poutres semblables à la première. On posa, de l'une à l'autre, des solives, qui furent recouvertes de perches et de fascines posées en travers.

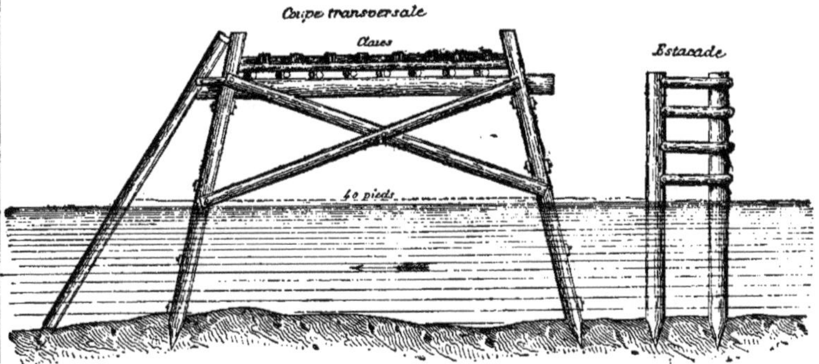

Fig. 63. [1]

« César fit renforcer les pilotis, qui supportaient le pont, par des pieux inclinés, qui aidèrent l'ouvrage à lutter contre le courant. »

A peu de distance au-dessus du pont, d'autres pilots furent plantés pour arrêter les troncs d'arbres, ou les bateaux, que les barbares auraient pu lancer au fil de l'eau afin d'ébranler le pont ou de le rompre.

Cet ouvrage fut achevé en 10 jours, à compter du moment où l'on commença à transporter les matériaux.

César fit lever le pont, après une expédition victorieuse sur la rive droite du Rhin.

[1] Les figures 62 et 63 sont empruntées à l'*Histoire de Jules César*. Paris, Henri Plon. 1865.

CONFINS ET QUARTIERS PERMANENTS.

César avait compris l'importance de ce grand fleuve, derrière lequel grondaient déjà de terribles menaces contre l'empire qu'il voulait fonder.

Aussi fut-il le premier à en organiser la défense, à en faire la base d'opérations des armées romaines, qui combattaient en Germanie.

Par son ordre, les confins rhénans se hérissèrent de *castellum*, qu'on relia bientôt par une ligne presque continue d'ouvrages permanents.

« Sur la rive droite, des têtes de pont ou des hauteurs fortifiées; en arrière, sur la rive gauche, des vallées défendues par des travaux de seconde ligne et reliées par des routes stratégiques, et plus loin, en Gaule, des arsenaux et des manufactures d'armes et d'engins.

« A l'abri des murailles, les quartiers d'hiver, *hiberna*, pourvus de casernes, de magasins, d'hôpitaux ; puis, en avant, sur les lignes d'attaque, les camps de manœuvres, *æstiva*.

« Au milieu de ces œuvres accumulées par l'art de la guerre, vivaient les légions, les cohortes indépendantes et la cavalerie.

« Tout, hommes et choses, était toujours prêt. La vie entre soldats, le culte rendu au Dieu de la force et aux aigles sacrées, de rudes exercices, le voisinage de l'ennemi, une discipline de fer entretenaient parmi les légionnaires un esprit militaire, qui survécut longtemps à la décadence intérieure de l'Empire.

« Lorsqu'il y avait lieu d'envoyer des troupes hors des confins, on formait des détachements qui, suivant leur effectif, gardaient le numéro et le surnom de la légion, ou qui tiraient leur nom du *vexillum* qu'on leur donnait.

« Les soldats de ces détachements s'appelaient alors des *vexillaires*.

« Le centre de la légion, son dépôt, restait sur la frontière, au milieu de ses magasins. Le dépôt recevait les recrues, les exerçait et gardait toujours son titre de légion, son surnom et son numéro d'ordre.

« Ainsi, les confins étaient de véritables provinces habitées par des soldats, des vétérans et des auxiliaires. La population non armée y était peu nombreuse et soumise à l'autorité militaire [1]. »

EXPÉDITION EN GRANDE-BRETAGNE.

Ce n'était pas assez d'avoir passé le Rhin, César voulut franchir la Manche.

Il choisit le port de Boulogne (*Portus Itius*) pour le rassemblement de sa flotte, composée de quatre-vingts vaisseaux de charge (*actuarium*), qui lui paraissaient devoir suffire pour le transport de deux légions. Les

[1] Charles Robert, de l'Institut, *Les armées romaines et leur emplacement pendant l'Empire*. Paris, Pillet, 1875.

CAR. HIRAUX, *d'après Jules Duvaux.*

Fig. 64.

galères furent données au questeur, aux lieutenants et aux préfets.

CAR. HIRAUX, *d'après J. Duvaux.*

Fig. 65.[1]

Il y avait encore dix-huit autres vaisseaux, retenus à huit milles de là par les vents contraires; César les destina au transport de la cavalerie.

La garde du port fut confiée à Sulpicius Rufus, avec les troupes qu'il crut nécessaires.

César leva l'ancre à la troisième veille (minuit) et il

[1] Les figures 64 et 65 ont été empruntées au *Dictionnaire* du comte de Chesnel.

arriva avec sa flotte en vue des côtes de Bretagne, vers la quatrième heure du jour (10 heures du matin).

« Toutes les collines parurent couvertes d'hommes armés. La mer en cet endroit (*près de Douvres*) était tellement dominée par les hauteurs voisines, que les Bretons pouvaient facilement, de leur poste, empêcher le débarquement à coups de traits. »

César, en attendant les vaisseaux qui portaient sa cavalerie, manda près de lui ses lieutenants et ses tribuns, pour leur recommander de prendre, dans le combat, promptement conseil des circonstances.

« Dans une opération maritime, sujette à de brusques variations, il ne voulait pas que l'exécution de ses ordres souffrît le moindre retard.

« Le vent et la marée devinrent enfin favorables; César donna le signal, leva l'ancre et alla mouiller, à huit milles du point de départ, sur une plage unie et découverte.

« Les Bretons, qui observaient les manœuvres des Romains, envoyèrent, en toute diligence, leur cavalerie et leurs chariots, en avant de leurs troupes.

« Ce qui retarda le plus notre débarquement, ce fut la grandeur de nos vaisseaux, qui ne pouvaient s'approcher de la côte, de sorte que nos soldats, sur cette plage inconnue, chargés de leurs armes et les mains embarrassées, avaient à la fois à sauter à la mer, à résister aux flots et à combattre les ennemis.

« Les Bretons étaient sur la terre ferme, et même,

quand ils s'avançaient un peu dans l'eau, ils marchaient, les mains libres, sur un terrain connu. Aussi lançaient-ils leurs traits avec plus d'assurance et foulaient-ils les assaillants sous les pieds de leurs chevaux.

« Les Romains, étonnés de toutes ces choses nouvelles pour eux, ne montraient ni leur gaieté ni leur ardeur ordinaires.

« Alors César fit avancer ses galères. Il leur ordonna de s'embosser sur le flanc de l'ennemi, afin de l'attaquer à coups de fronde, de traits et de machines. Les Bretons, effrayés à la vue de ces galères et de ces machines qu'ils ne connaissaient pas, reculèrent. »

Le porte-enseigne de la 10e légion sauta à la mer; les soldats le suivirent, soutenus par les chaloupes des galères et par les bateaux légers.

A peine les Romains eurent-ils abordé la terre ferme, qu'ils fondirent sur les Bretons et les dispersèrent.

César fut frappé de l'habileté avec laquelle les Bretons dirigeaient les chevaux et les chars.

« Pour combattre sur leurs chariots, ils commençaient par courir çà et là, en lançant des traits, essayant de rompre nos rangs, autant par la crainte des chevaux que par le bruit des roues.

« Quand ils avaient réussi à pénétrer au milieu d'une troupe de cavalerie, ils sautaient à bas de leurs chariots et combattaient à pied. Alors, les conducteurs s'écartaient un peu de la mêlée, mais ils se plaçaient assez près de leurs maîtres pour que ceux-ci pussent facilement se réfugier vers eux, s'ils étaient trop pressés.

« Les Bretons unissaient ainsi la légèreté de la cavalerie à la solidité de l'infanterie.

« Un exercice continuel les avait si bien formés à ce genre de combat, qu'ils excellaient à contenir leurs chevaux, à modérer leur course dans une descente rapide, à les faire tourner à droite ou à gauche. Ils savaient courir sur le timon, se tenir sur le joug et, de là, remonter d'un seul bond sur leurs chariots. »

Les Anglais sont restés fidèles à ces traditions de la vieille Bretagne.

AMBIORIX.

La cinquième campagne faillit être funeste aux Romains.

Pendant une absence de César (54 avant J.-C.), *Ambiorix*, chef des Éburons[1], attira dans une embuscade et détruisit la légion qui avait ses quartiers d'hiver entre le Rhin et la Moselle.

Ensuite, renforcé par les Gaulois de la Sambre et de l'Escaut, il alla attaquer, aux environs de Cambrai, le camp de Quintus Cicéron.

1 Territoire des Tongres.

En une nuit, Cicéron fit construire cent vingt tours de charpente, autour de son vallum.

Ambiorix l'enveloppa, en trois heures, d'un rempart de onze pieds ($3^m,26$) de haut et d'un fossé de quinze pieds ($4^m,44$) de largeur, qui avait 10.000 pas d'étendue.

« Les Gaulois avaient appris, de quelques-uns de nos soldats, avec lesquels ils avaient vécu les années précédentes, et de leurs prisonniers, l'art de construire ces ouvrages. Comme ils n'avaient point d'outils de terrassiers, ils coupaient le gazon avec leurs épées et le portaient dans leurs sayons.

« Les jours suivants, ils élevèrent des tours à la hauteur du vallum, et préparèrent des faux et des tortues.

« Le septième jour, profitant d'un grand vent, ils incendièrent, avec des balles d'argile, rougies au feu, et des dards enflammés, les baraques, couvertes de chaume, du camp romain.

« Puis, poussant des cris de victoire, ils firent avancer leurs tours et leurs tortues et ils montèrent à l'assaut.

« Les Romains tinrent ferme, et les Gaulois perdirent beaucoup de monde, parce qu'ils s'étaient trop serrés au pied du rempart et que les derniers rangs empêchaient les premiers de se dégager. »

Une sortie vigoureuse fit échouer l'assaut. César, averti, vint en toute hâte secourir son lieutenant. Il battit Ambiorix, et, par des ravages méthodiques, il termina la campagne à l'avantage des armes romaines.

VERCINGÉTORIX.

Après deux années de sourde colère et de révoltes partielles, étouffées dans le sang, les Gaulois tentèrent de secouer le joug.

Les Carnutes (*Chartres*) donnèrent le signal d'un soulèvement général. Les étendards des cités gauloises, surmontés du sanglier national, furent apportés au fond de la vieille forêt druidique, et les envoyés de tous les peuples vinrent jurer, sur le gui sacré, haine éternelle à l'oppresseur et dévouement sans bornes à la cause de la liberté.

Un jeune chef arverne, Vercingétorix, proclama dans Gergovie [1] l'indépendance des Gaules et il fut investi du commandement suprême.

Son premier soin fut de faire torturer ou mutiler les lâches, les indifférents et les traîtres.

Sa *stratégie* était de réunir toutes ses forces et d'attaquer à la fois, en l'absence de César, la province romaine et les quartiers d'hiver des légions ; sa *tactique*, d'éviter les batailles rangées, mais de harceler les Romains et de les empêcher de se ravitailler en interceptant leurs communications par sa nombreuse cavalerie.

César, revenu d'Italie en toute hâte, concentra ses huit légions près de Langres ; puis, il vint faire irrup-

[1] Ville détruite, à cinq kilomètres au sud de Clermont-Ferrand.

tion sur le territoire des Arvernes, afin d'obliger Vercingétorix à défendre son propre pays.

Vercingétorix fit le vide autour de César, en brûlant les villes et les récoltes ; il remporta quelques avantages partiels et obligea l'armée romaine, malgré la prise d'Orléans et de Bourges, à se rapprocher de la Province.

« César fuit ! criaient les Gaulois ; en avant ! en avant ! »

Et au lieu de continuer cette guerre méthodique, qui avait déconcerté et affamé les Romains, ils obligèrent Vercingétorix à livrer bataille.

Ce fut une défaite nouvelle.

César, reprenant l'offensive, vint mettre le siége devant Alésia [1].

Le siége d'Alésia (52 avant J.-C.).

Vercingétorix s'était replié sous les murs de cette ville importante avec 80.000 fantassins et 15.000 cavaliers.

César avait dix légions et 10.000 cavaliers germains. Il enveloppa la ville et l'armée de secours dans une

[1] On a exposé, dans une salle du musée de Saint-Germain, le plan en relief d'Alésia. Tous les travaux romains ou gaulois y sont figurés d'après les *Commentaires de César*, et d'après les dernières recherches sur la guerre des Gaules, qui a été si remarquablement mise en lumière par l'empereur Napoléon III, dans son *Histoire de Jules César*.

formidable ligne de circonvallation, de 17 kilomètres de circuit, défendue par vingt-trois redoutes.

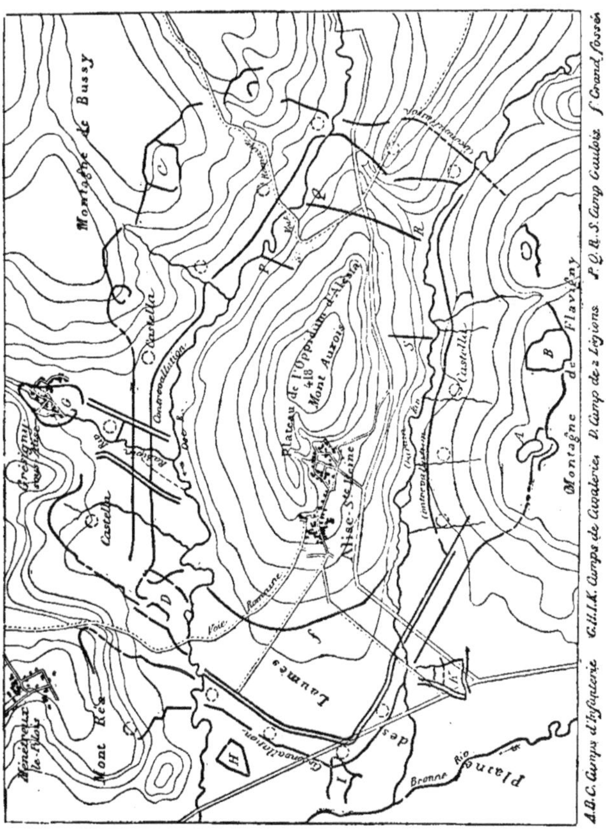

Fig. 66.

Le jour, des *piquets* en armes étaient prêts à repousser les sorties inopinées; la nuit, les gardes étaient doublées et les lignes couvertes, en avant, par un épais réseau de sentinelles.

César fit creuser à quatre cents pas (592 mètres) de la ligne de contrevallation, du côté de la ville, un fossé de vingt pieds (5^{m},80) de largeur, à parois droites.

Il fit creuser deux autres fossés, à quinze pieds (4^{m},35) en largeur et en profondeur, et il remplit, avec les eaux de l'Ozerain, le fossé intérieur, qui traversait la plaine.

En arrière de ces trois fossés, il éleva un rempart de douze pieds (3^{m},48) de haut, garni d'un parapet à créneaux et de grosses branches fourchues (*cervi*), plantées sur la berme, afin d'empêcher l'escalade.

Le rempart fut flanqué de tours, distantes de quatre-vingts pieds (23 mètres) les unes des autres.

César fit abattre des troncs d'arbres et de très-fortes branches, dont on ôta l'écorce et qu'on aiguisa par un bout, pour en faire des pieux ; puis, dans un fossé de cinq pieds (1^{m},45) de profondeur, creusé devant les lignes, il fit planter ces pieux, la pointe en haut.

Les pieux (*cippi*) étaient attachés ensemble par le pied, afin qu'on ne pût pas les arracher ; il y en avait cinq rangs liés et entrelacés, de sorte que les Gaulois, qui s'y engagèrent, ne purent en sortir sans se blesser gravement.

En avant, on creusa huit rangs de trous, disposés en quinconce, à trois pieds de distance les uns des autres.

Ces trous avaient trois pieds (0m,87) de profondeur, et une ouverture supérieure un peu plus large que le fond ; on y planta des pieux arrondis, gros comme la cuisse, passés au feu et pointus.

L'ouverture était couverte d'herbes et de broussailles pour cacher le piége ; la pointe des pieux ne sortait que de quatre doigts au-dessus du sol.

Il y en avait huit rangs à trois pieds d'intervalle ; on les appelait des lys (*lilia*), à cause de leur ressemblance avec cette fleur.

Ce sont nos trous-de-loup.

Plus en avant, on sema un grand nombre d'hameçons de fer (*stimuli*), fixés dans des piquets d'un pied.

Ces travaux achevés, César fit construire, sur un circuit de quatorze mille pas, une ligne de contrevallation semblable à la première ; puis, il ordonna de grands fourrages et il réunit des provisions et des vivres pour un mois environ.

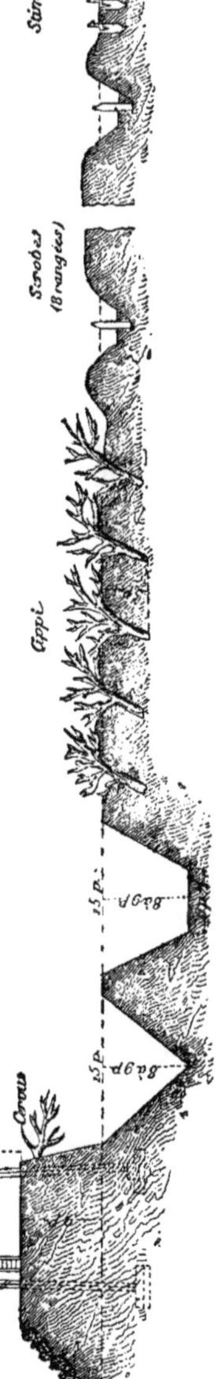

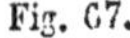
Fig. 67.

Après une longue attente, alors que la disette sévissait dans Alésia, une armée de secours de 240.000 fantassins et de 8.000 cavaliers vint enfin camper à un mille de la contrevallation.

Une attaque combinée fut dirigée contre les lignes romaines.

La cavalerie gauloise, soutenue par les troupes légères, engagea l'action, pendant que Vercingétorix sortait de ses remparts, à la tête de tous ceux qui, dans la ville, avaient survécu à la famine.

Une charge, *en escadrons serrés*, des auxiliaires germains de César décida la victoire.

Les légions, sortant à l'improviste des retranchements, poursuivirent les fuyards jusqu'à leur camp, et la garnison d'Alésia dut regagner ses murailles.

Une double attaque de nuit fut arrêtée par les défenses accessoires des lignes romaines ; les traits des machines achevèrent la déroute.

Après deux ou trois tentatives infructueuses, l'armée de secours se dispersa.

Cette armée était le dernier espoir de l'indépendance des Gaules.

César fut sans pitié pour le glorieux défenseur d'Alésia.

Vercingétorix attendit pendant six ans, au fond d'un cachot, le triomphe de César, c'est-à-dire la hache du licteur, et le proconsul victorieux des Gaules, enrôlant les vaincus dans ses légions, devint le maître de la République romaine.

LIVRE TROISIÈME

LES FRANKS

LIVRE TROISIÈME

LES FRANKS

CHAPITRE VIII

LES GERMAINS OCCIDENTAUX

SOMMAIRE

Organisation militaire.—Armement.—Tactique.

ORGANISATION MILITAIRE.

César, en nous racontant ses batailles contre les Germains d'Arioviste, nous a laissé de précieux renseignements sur les formations et la manière de combattre des nouveaux conquérants de la Gaule.

C'est par lui que nous savons que chacun des cent

cantons des Suèves fournissait, tous les ans, mille guerriers, qui portaient l'invasion chez les peuples voisins. Les autres hommes restaient à cultiver les terres, tant pour eux-mêmes que pour les coureurs d'aventures.

Ceux-ci prenaient, au retour, la place des laboureurs, qui partaient en guerre l'année suivante.

C'était le moyen de pourvoir aux besoins de l'agriculture et d'entretenir l'ardeur guerrière en même temps que l'habitude des armes.

« Les Suèves, écrit César, consomment peu de blé ; ils ne vivent que de lait, de chair et de gibier. Cette nourriture, jointe à l'extrême liberté dont ils jouissent dès leur plus tendre enfance, leur donne une taille gigantesque et une complexion robuste. Ils élèvent leurs enfants dans le mépris de tout devoir et de toute discipline.

« Ils sont vêtus de peaux de bêtes, mais une partie de leur corps est nue. Bien différents des Gaulois, *si avides de beaux chevaux étrangers*, ils ne se servent que des chevaux de leur pays, tout chétifs et tout laids qu'ils soient. Par un exercice continuel, ils les endurcissent à la fatigue et les rendent capables des plus durs travaux.

« Souvent, dans les batailles, ils sautent à terre pour combattre à pied ; leurs chevaux, restés au piquet où ils les ont attachés, leur assurent une retraite prompte et facile.

« Ils considèrent comme une honteuse mollesse de se servir d'une selle. L'entrée du vin est interdite sur leur territoire, parce que le vin rend les hommes efféminés et incapables de supporter les fatigues de la guerre.

« C'est une coutume constante parmi nous, disent-« ils, et que nous avons reçue de nos pères, de « recourir aux armes et non aux prières, pour résis-« ter à l'ennemi qui nous menace. »

ARMEMENT.

Tacite, qui avait passé une partie de sa jeunesse au bord du Rhin, nous a décrit les mœurs, l'armement et la tactique des Germains occidentaux, c'est-à-dire des Franks.

« Chez eux, le fer n'est pas abondant, si l'on en juge par la nature de leurs armes. Très-peu se servent d'épées ou de grandes lances; leurs piques (*frameæ*) sont garnies d'un fer étroit et court, mais tellement acéré et si facile à manier, qu'avec la même arme ils combattent, de près ou de loin, selon les circonstances.

« Les cavaliers n'ont que le bouclier et la framée. Les fantassins ont, en outre, des armes de jet (*missilia*); chaque homme en a plusieurs, qu'il lance à une portée prodigieuse. »

Ce mot *missilia* ne désigne-t-il pas les nombreuses haches franques, qu'on a retrouvées dans les tombes mérovingiennes et qui sont de petits merlins assez lourds, à un seul tranchant, avec un manche de bois de 0m,60 à 0m,80 de longueur?

La hache à deux tranchants, que les historiens appellent la *francisque*, pour l'avoir vue figurer dans un trophée de la colonne Antonine, ne serait alors qu'une exception dans l'armement mérovingien.

Fig. 68.

La vraie francisque était le merlin court et pesant, que les Franks lançaient avant de mettre l'épée à la main, comme les Romains lançaient le pilum.

Sidoine Apollinaire[1] nous en a fourni la preuve :

« Les Franks, dit-il, se font un jeu de lancer par les airs les *haches rapides*[2], en fixant d'avance la place où elles doivent frapper; de faire tourner rapidement leurs boucliers; de devancer par des bonds impétueux les projectiles échappés de leurs mains et d'arriver, avant eux, sur l'adversaire. »

Tacite ajoute :

« Les Germains sont nus ou couverts d'une saie légère (*sagulum*). Très-peu portent des cuirasses; on voit parmi eux deux ou trois casques à peine. C'est l'infanterie qui est leur force principale :

In pedite robur.

[1] Poëte latin, évêque de Clermont, 472 de l'ère chrétienne.

[2] La lourde hache de la colonne Antonine, à double fer et à long manche, n'a jamais pu être une *hache rapide*. Lancée par le bras le plus vigoureux, elle n'irait pas à vingt mètres. Or, nous savons, par les chro-

« Ils choisissent, dans chaque canton, pour les placer sur leur front de bataille, cent fantassins d'élite, qui luttent de vitesse avec les chevaux. On les nomme les cent (*centeni*) et c'est un honneur d'en faire partie.

TACTIQUE.

« L'ordre de bataille des Germains est le coin.

« Céder du terrain pour revenir ensuite à la charge est pour eux acte d'habileté plutôt que de faiblesse.

« Même après les défaites, ils emportent les morts. Abandonner son bouclier est le comble de la honte; celui qui a commis cette faute perd sa place au conseil, et il lui est défendu d'assister aux sacrifices. Plusieurs, après avoir faibli dans la bataille, se sont étranglés pour échapper à l'infamie.

« Le roi est choisi parmi les plus nobles, les chefs parmi les plus braves; tous doivent l'exemple à leurs soldats, et ils combattent au premier rang.

« C'est par l'admiration qu'ils se font obéir: *Admiratione præsunt!* »

Les Germains prennent dans les forêts sacrées leurs emblèmes et leurs enseignes. Autour de ces enseignes se groupent, par escadrons ou par coins, les combattants de la même famille ou de la même origine[1].

niqueurs, que c'est par une portée de leur francisque que les rois mérovingiens indiquaient aux architectes goths la longueur des basiliques.

[1] « Non casus nec fortuita conglobatio *turmam* aut *cuneum* facit, sed familiæ et propinquitates;.. etc. »

« Au combat, ils ont près d'eux tout ce qui leur est cher : mères, femmes, enfants ; ce sont là les premiers admirateurs de leurs exploits. Blessés, ils vont trouver leurs mères ou leurs femmes, qui les pansent, et, dans la mêlée, leur portent des vivres et des encouragements.

« Les femmes, par leurs prières, ont bien souvent ranimé leur courage. C'est pour empêcher qu'elles ne tombent aux mains de l'ennemi que les Germains disputent si ardemment la victoire.

« Les femmes germaines ont un caractère sacré, prophétique ; on les consulte et on leur obéit en toute circonstance. »

Ce *culte de la femme* est une des origines de la chevalerie.

« Les chants guerriers des Germains étaient impétueux et terribles, comme le choc de leurs armes. Quand ils s'avançaient au combat, la bouche collée contre leurs boucliers, et mugissant dans l'airain leurs hymnes militaires, l'armée romaine effrayée croyait entendre le cri sauvage des aigles et des vautours.

« Vaincus, ils chantaient leur chant de mort au milieu des tortures ; vainqueurs, ils célébraient leurs succès par de poétiques récits : [1]

« L'armée est en marche ; les oiseaux chantent, les

[1] J. Demogeot, *Histoire de la littérature française, depuis ses origines jusqu'à nos jours* (12e édition). Paris. Hachette. 1871.

« cigales crient, les lames belliqueuses retentissent. « Maintenant la lune errante brille sous les nuages; « maintenant s'engage l'action qui fera couler les « larmes...

« Alors commença le désordre du carnage; les « guerriers s'arrachaient des mains leurs boucliers « creux; les épées fendaient les os des crânes. La « citadelle retentissait du bruit des coups; le cor- « beau tournoyait, noir et sombre comme la feuille du « saule, le fer étincelait comme si le château eût été « tout en feu. Jamais je n'entendis conter bataille plus « belle à voir. »

CHAPITRE IX

ÉPOQUE MÉROVINGIENNE

SOMMAIRE.

Les bandes franques. — Les légions de la décadence.—Aétius.—Bataille de Châlons. — L'armée de Clovis. — Tactique des Franks. — Bataille de Casilinum.

LES BANDES FRANQUES.

Depuis 240, les tribus germaines qui habitaient le pays compris entre le Weser, le Mein et le Rhin[1], faisaient de continuelles incursions sur le territoire gallo-romain.

Tantôt combattues, tantôt tolérées, les *bandes franques* s'établirent, peu à peu, dans la Gaule orientale. L'empereur Julien permit, en 358, aux *Franks Saliens* de demeurer dans le Brabant, et aux *Franks Ripuaires* d'occuper les environs de Cologne.

A l'époque de la grande invasion barbare de 406[2], les Franks se montrèrent d'abord les alliés fidèles du vieil Empire; ils attaquèrent et détruisirent 20.000 Vandales sur la rive droite du Rhin.

Mais ils se laissèrent bientôt déborder par le flot

[1] Chauques, Amsibares, Chérusques, Chamaves, Celtes, Bructères, Tenctères, Attuariens et Sicambres.

[2] Invasion des Alains, des Vandales, des Markomans et des Suèves.

des envahisseurs, et ils descendirent avec lui de la Meuse à l'Escaut et de l'Escaut à la Somme.

Au lieu de s'arrêter dans les cités qu'ils avaient conquises[1], au milieu des ruines qu'ils avaient amoncelées, les Franks aimaient mieux camper à l'air libre, dans l'enceinte de leurs chariots.

LES LÉGIONS DE LA DÉCADENCE.

Végèce[2] nous apprend ce qu'étaient devenues l'organisation militaire et la tactique romaine, entre les mains des empereurs de rencontre, revêtus de la pourpre par le caprice des prétoriens.

Vers 380, la légion, de 6.100 fantassins et de 726 cavaliers, se forme *en phalange*, sur deux lignes de cinq cohortes.

« La première cohorte est au-dessus des autres et par le nombre et par la qualité des soldats, qui doivent être tous *des gens bien nés et lettrés.* »

Elle est en possession de l'aigle, enseigne générale des armées romaines.

Les images de l'empereur sont aussi sous la garde de cette cohorte, dite *milliaire*, qui est de 1.105 fantassins et de 132 cavaliers cuirassés.

C'est la tête de la légion, c'est par elle qu'on commence à former la première ligne, quand on met la légion en bataille.

[1] Cologne, Mayence, Trèves (440-441) ; Cambrai, Tournai (447).

[2] Écrivain latin de la fin du IVe siècle, qui a dédié son traité *De re militari* à l'empereur Valentinien II (375-392).

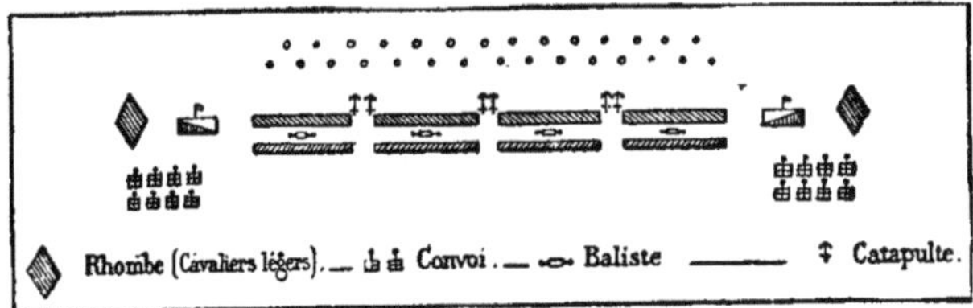

KAULINE, *d'après un croquis de E. Hardy.*

Fig. 69. [1]

« Les neuf autres cohortes ont chacune 555 fantassins et 70 cavaliers ; on les appelle *cohortes des cinq cents.* La troisième est composée de soldats vigoureux, parce qu'elle occupe le centre de la première ligne, et la cinquième des plus braves, parce qu'elle forme la gauche.

« Ces cohortes, divisées en cinq centuries, se rangent sur cinq rangs, formant deux lignes.

« Le premier rang se compose des *princes*, qui ont à peu près conservé l'armement de l'ancien légionnaire;

[1] Nous avons essayé de reconstituer, d'après les historiens de la décadence, la cohorte milliaire. Les éléments multiples dont elle disposait lui permettaient d'agir et de combattre isolément.

Avant-garde de la légion, elle s'est formée en bataille : ses deux rangs de vélites se sont déployés en tirailleurs devant le front des princes et des hastaires qui ont mis un genou en terre, pour que les machines puissent tirer par dessus leurs têtes. Les vétérans se tiennent en réserve un peu en arrière. Les machines ont pris leur place de combat : les catapultes dans l'intervalle des sections, les balistes ou onagres derrière la première ligne.

Les cataphractes appuient les ailes de l'infanterie et sont couverts, sur leurs flancs extérieurs, par la cavalerie légère, lanciers ou archers. Le matériel, l'équipage de pont, les bagages sont placés en arrière des ailes, sous la protection de la cavalerie.

le second rang, des *hastaires*, portant la cuirasse, les javelots et la lance ; le troisième et le quatrième, des *vélites*, destinés à se répandre *en tirailleurs* sur le front et sur les flancs ; le cinquième rang, composé des *vétérans*, forme la deuxième ligne, à quelque distance en arrière.

« Ce n'est pas seulement par le nombre de ses soldats que la légion remporte la victoire, c'est surtout par ses machines de jet.

« On les place, sur le champ de bataille, derrière les pesamment armés, et ni boucliers, ni cuirasses ne sont à l'épreuve de leurs javelots.

« Chaque légion a son équipage de pont. Il se compose de canots faits d'un seul morceau de bois creusé, de chaînes de fer et de cordages. »

Pour passer les rivières, on attache les canots les uns aux autres, puis on les recouvre d'un plancher de madriers, sur lequel la cavalerie et l'infanterie peuvent marcher sans danger.

« La légion porte encore des crocs de fer, des faux attachées à de longues perches, des hoyaux, des pieux, des bêches, des pelles et tous les outils propres à dégauchir le bois, à le scier et à l'employer.

« Elle a des ouvriers pour construire ses machines et tout le matériel nécessaire à l'établissement d'un camp fortifié. »

Malgré cet attirail de guerre, les légions avaient perdu leur ancienne renommée ; Végèce l'avoue.

« On conserve encore aux troupes le nom de légions, dit-il, mais elles se sont abâtardies depuis que, par un relâchement, qui est assez ancien, la brigue a surpris les récompenses dues au mérite et depuis qu'on s'élève, par la faveur, aux grades qu'on obtenait autrefois par des services.

« On n'a pas remplacé les soldats libérés par congé, les morts, les déserteurs, les réformés; tout cela fait de si grands vides dans les troupes, que si l'on n'est pas attentif à les recruter tous les ans et même tous les mois, l'armée la plus nombreuse est bientôt épuisée.

« Ce qui a encore contribué à dégarnir nos légions, c'est que le service y est dur, les armes pesantes, les récompenses tardives, la discipline sévère. La plupart des jeunes gens en sont effrayés et s'engagent de bonne heure dans les auxiliaires, où ils ont moins de peine et plus de récompenses. »

De pareilles légions ne suffisaient pas pour défendre l'Empire contre des invasions incessantes.

« Les Barbares, longtemps amoncelés aux frontières, percèrent çà et là ces digues impuissantes. Tantôt appelés par les empereurs, tantôt imposant leurs services, ailleurs, courant par bandes le pays qui se refermait sur leurs traces, pillards, plutôt que conquérants, ils ne subjuguaient pas la Gaule, ils la dévastaient.

« Le résultat n'en fut pas moins la destruction de l'Empire.

« Toute vie centrale s'éteignit peu à peu ; tout lien entre les diverses contrées fut détaché, sinon rompu ; tout devint local, isolé ; le monde semblait tomber dans le chaos. Le mélange confus, la formation tumultueuse des éléments d'une société nouvelle dura du Ve siècle jusqu'à la fin du VIIIe. »[1]

AÉTIUS [2].

En 451, le patrice des Gaules, Aétius fut contraint d'implorer le secours de Mérovée, chef de la ligue des Franks Saliens, contre les Huns d'Attila.

Ces Tartares, venus du bas Danube, avaient brûlé Metz et pris Orléans, lorsque l'armée impériale, renforcée de tout ce qu'il y avait de guerriers dans les Gaules[3], leur livra bataille dans les plaines de Châlons-sur-Marne.

Bataille de Châlons (451).

Vers trois heures de l'après-midi, Attila, au centre,

[1] Demoggeot, *idem*.

[2] « Aétius, descendant d'une des plus nobles familles de la Scythie, avait une taille moyenne, une figure noble. Il avait de la vivacité dans l'esprit, de la vigueur dans les membres. Excellent cavalier, adroit tireur, maniant bien la lance, il excellait dans les arts aussi bien qu'à la guerre. L'empereur Valentinien, devenu adulte, le tua, sans en avoir d'autre raison que de jalouser sa puissance. » (*Grégoire de Tours*).

[3] C'étaient les *Burgondes* de l'Isère et du Rhône ; les *Franks Saliens* du bas Escaut, de la Meuse et des bouches du Rhin ; les *Armoricains* des bords de la mer Britannique (Manche) ; les *Lètes* des provinces de

à la tête de ses Huns, avec les Ostrogoths à l'aile gauche et les Gépides à l'aile droite, fit donner le signal de l'attaque par les *tambours* tartares et les aurochs gothiques [1].

Dans l'armée d'Aétius, Théodoric. roi des Visigoths, était à l'aile droite, à côté des légions gallo-romaines. Les Franks et les autres auxiliaires formaient l'aile gauche [2].

Aétius occupa une colline qui commandait la plaine et, du haut de ce poste, il culbuta les escadrons des Huns, au moment où ils essayaient de gravir la pente.

Attila ramena ses Tartares à la charge en leur criant :

« Ne les connaissez-vous pas, ces lâches Romains,
« que la poussière seule met hors de combat! Mépri-
« sez-les : chargez les Alains, dispersez les Visigoths.
« Ceux-là détruits, la guerre est finie! [3] »

Ce furent, en effet, les Visigoths qui décidèrent la

l'ouest; les *Saxons* des environs de Bayeux; les *Sarmates,* soldats auxiliaires des diverses garnisons de la Gaule; les *Bréons* du lac de Constance; les *Franks ripuaires* des environs de Cologne (Henri Martin, *Histoire de France*).

1 Cornes de taureau sauvage.

2 Nous n'avons pas pu, malgré nos recherches, trouver sur cette bataille des documents suffisamment indiscutables, pour en relever le plan d'ensemble. Le lieu même où elle s'est livrée (Châlons-sur-Marne? Méry-sur-Seine?) est encore un sujet de savantes discussions, qui n'entrent pas dans notre cadre. Nous nous gardons de la fantaisie historique, quelque attrait qu'on puisse parfois lui trouver.

3 Jornandès, moine et historien goth du VIe siècle.

victoire, en conversant sur le centre et en prenant les Huns en flanc.

Ceux-ci se rallièrent dans leur camp et y firent bonne contenance.

Le massacre dura toute la nuit.

Au jour, on vit que, « dans cette mêlée des plus vaillantes nations du monde, il avait péri, des deux côtés, 165.000 guerriers » sans compter les Franks et les Gépides, tués la veille dans un combat d'avant-garde.

C'est que la lutte corps à corps, la mêlée générale avaient remplacé le va-et-vient méthodique des batailles d'autrefois.

Parmi ces vaillants, aucun n'avait tourné le dos; l'épée avait rencontré l'épée et la victoire était restée cette fois encore au plus habile, au tacticien Aétius, qui s'était assuré l'avantage de la position et qui avait exécuté une attaque inopinée sur le flanc de l'adversaire.

L'ARMÉE DE CLOVIS.

Après la bataille *des champs catalauniques*, la Gaule devait appartenir à ceux qui l'avaient défendue.

Des généraux comme Aétius, qui auraient pu, à force d'habileté et de courage, la conserver à l'Empire, devenaient bien vite suspects à l'Empereur et mouraient assassinés.

Les légions tremblaient devant leurs alliés barbares;

mais, ces peuples, d'origines différentes, ne purent s'entendre au sujet du partage.

Le roi Clovis, élevé sur le pavois des Franks Saliens, vainquit successivement : au nord, les légions de Syagrius (*Soissons*) ; à l'est, les Alamans, (*Tolbiac*) ; au sud-est, les Burgondes (*Dijon*) ; au sud-ouest, les Visigoths d'Alaric (*Vouglé*).

Pour gagner tant de batailles, pour devenir les maîtres de la Gaule, les Franks avaient conservé leurs armes nationales :

La *francisque* et la *framée ;*

La *longue épée à deux tranchants* (de $0^m,60$ à $0^m,70$), qu'on ne retrouve que dans le tombeau des chefs ;

P. MERLE, *d'après un modèle du musée de Mayence.*

Fig. 70.

Le *scramasaxe*, dague courte ($0^m,70$), lourde, à un seul tranchant, dont le dos est habituellement cannelé, et dont le pommeau supporte deux ailettes semblables aux antennes d'un papillon

Fig. 71.

Le *hang* ou angon, courte pique qui servait à la fois de près et de loin (Fig. 72, page 209).

« La pointe longue et forte était armée de plusieurs crochets tranchants et recourbés comme des hameçons. Le bois était recouvert de lames de fer dans presque toute sa longueur, de manière à ne pouvoir être brisé ni entamé à coups d'épée. Quand le hang s'était fiché dans un bouclier, il y restait suspendu, balayant la terre de son extrémité; alors le Frank, qui l'avait jeté, s'élançait et, posant un pied sur le manche, il appuyait, de tout le poids de son corps, pour forcer l'adversaire à baisser le bras et à découvrir sa tête et sa poitrine. Quelquefois, le hang, attaché au bout d'une corde, servait de harpon. Pendant qu'un des Franks lançait le trait, un autre tenait la corde, puis, tous deux joignaient leurs efforts, soit pour désarmer leur ennemi, soit pour l'attirer lui-même par son vêtement ou par son armure [1]. »

Les Franks portaient des habits de toile, serrés au corps par un large ceinturon qui soutenait l'épée. Ils gardaient le bouclier rond, mais ils dédaignaient le casque. Ils relevaient et rattachaient sur le sommet du front leurs cheveux, d'un blond roux, qui formaient une espèce d'aigrette et retombaient par derrière en queue de cheval. Les *rois chevelus* laissaient flotter sur leurs épaules cette longue crinière.

[1] Augustin Thierry, *Lettres sur l'histoire de France,* d'après Procope et Agathias.

TACTIQUE DES FRANKS.

« Quand *Théodebert* alla guerroyer en Italie, en 539, la garde du roi avait seule des chevaux et portait des lances romaines. Le reste était à pied et dans un équipage assez misérable.

« Ils n'avaient ni cuirasses, ni bottines garnies de fer. Un petit nombre portaient des casques, les autres

D'après Philippoteaux [1].

Fig. 72.

[1] Avec la générosité d'un grand artiste, M. Philippoteaux a bien voulu nous autoriser à copier et à reproduire quelques-uns des types militaires de notre histoire nationale, qu'il a ressuscités avec une scrupuleuse exactitude. Malheureusement, nos croquis à la plume ne donneront qu'une idée imparfaite de l'œuvre du maître.

combattaient nu-tête. A cause de la chaleur, ils avaient quitté leurs justaucorps de toile et gardaient seulement des culottes, d'étoffe ou de cuir, qui leur descendaient jusqu'au bas des jambes.

« Ils n'avaient ni arc, ni fronde, ni autres armes de trait, si ce n'est le hang et la francisque [1]. »

In pedite robur. C'est d'infanterie que se compose l'armée de ces Germains, qui sont devenus les Franks. Quelques chefs, quelques *leudes* du roi ont des chevaux. mais le Frank est un fantassin.

La bataille de Casilinum, gagnée, en 553, par l'eunuque Narsès, général de Justinien, démontra à ces guerriers entreprenants la nécessité d'avoir une cavalerie.

L'Italie les attirait.

Divisés en deux armées, comme autrefois les Cimbres et les Teutons, ils avaient ravagé l'Italie septentrionale, lorsque le *Marius étrange*, qui couvrait les approches de Rome, avec 18.000 mercenaires, grecs ou barbares, prit l'offensive et livra bataille aux 30.000 Franks de Bukhelin, dans les environs de Capoue.

Bataille de Casilinum (553).

Narsès renouvela la manœuvre qui avait donné à Annibal la victoire de Cannes.

[1] Augustin Thierry, *idem.*

Les deux armées étaient formées en avant de leur camp.

Celle des Franks s'appuyait, de chaque côté, à un bois, qu'on avait négligé de garder et de couvrir, faute de troupes légères et de cavalerie.

« Elle était divisée en bandes de 1.500 hommes environ, rangées sur 80 de front et 18 de profondeur[1]. »

C'était un moyen d'imiter à la fois la phalange et la légion.

Le centre (F), formé en coin, devait commencer l'attaque ; les ailes s'étendaient au loin, pour ne pas être enveloppées.

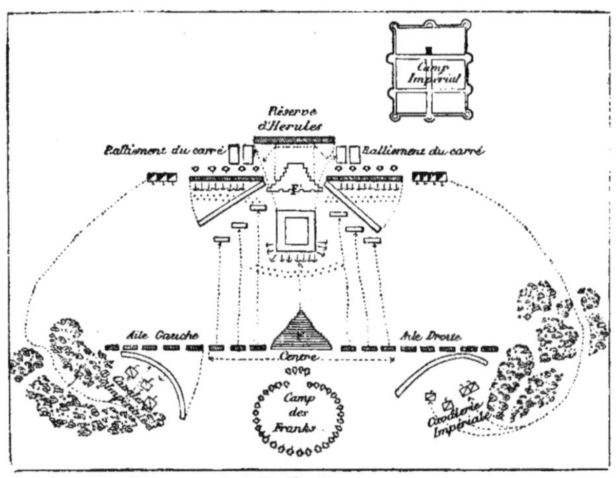

P. Merle, *d'après un croquis de E. Hardy.*

Fig. 73.

Vis-à-vis de ce coin, Narsès avait placé, en pre-

[1] D'après Agathias, historien grec de 554.

mière ligne, un carré plein, de 4.000 légionnaires, couverts de grands boucliers, et armés de l'épée et du pilum.

Au milieu de la deuxième ligne, il avait ménagé un intervalle de la largeur du carré, afin que, si celui-ci était forcé de reculer, il pût trouver sa place en arrière, sans déranger l'ordre de bataille.

2.000 cavaliers flanquaient cette deuxième ligne.

En arrière du centre était une réserve d'Hérules.

Les balistes, les scorpions, les onagres étaient répandus sur le front des soldats pesamment armés. Une nuée de vélites les couvrait à distance.

Le coin des Franks enfonça le carré qui lui était opposé, mais il marcha lentement et en désordre (F'); les Hérules l'arrêtèrent.

En même temps, la cavalerie impériale tournait, à la faveur des bois, les ailes de Bukelin, les rompait et venait prendre en queue la colonne d'attaque.

Alors Narsès fit converser sur le centre les deux tronçons de sa deuxième ligne, et il assaillit les flancs de cette masse confuse, qui s'était aventurée, sans être soutenue, au milieu de l'armée impériale.

Les Franks, enveloppés, firent une terrible résistance ; presque tous périrent.

L'art militaire des anciens avait remporté à Casilinum sa dernière victoire.

TABLE DES MATIÈRES

LIVRE PREMIER.

LES GRECS.

LIVRE DEUXIÈME.

LES ROMAINS.

Paris. — Imprimerie de J. DUMAINE, rue Christine, 2.

www.ingramcontent.com/pod-product-compliance
Ingram Content Group UK Ltd.
Pitfield, Milton Keynes, MK11 3LW, UK
UKHW021144260726
13994UKWH00001B/289

9 782329 478524